マンションの未来は住む人で決まる

マンションみらい価値研究所
久保依子
KUBO YORIKO

幻冬舎MC

マンションの未来は住む人で決まる

はじめに

日本語の「管理」という言葉の響きには、上の方の立場から全体を見回して、下にいる人々の行動を監視しているかのような、そんなイメージがある。管理という用語を説明するときに、ひと昔前の社会主義国において国家が人民を掌握しようとした例を出す人もいる。

「マンション管理」という言葉でも同様の印象を持たれることがある。

しかし、マンション管理では、誰かが上位にいるわけではない。何を決めるのも合議制だ。また、居住者の情報は強制的に収集できたりはしない。個人情報などはすべて任意提出だ。マンション管理は極めて民主的な考えに基づいて運営されているのである。この現実の世界と「管理」という用語のギャップにいつも違和感を覚えている。

では、「管理」と呼ばないなら、なんと呼ぶのが適当だろうか、うまい言葉が見当たらない。たとえ、適切な言葉が見つかったとして、脈々と使用されてきた「マンション管理」を今から別の言葉で置き換えて、広く使用されるようにすることは難しいだろう。私はこの違和感を、これからも抱えたままでいるしかないのかもしれない。

この本を手に取ったあなたは、今、マンションにお住まいで、何らかのトラブルを抱えているか、悩みごとがあるのかもしれない。マンションを購入しようと思っているが、本当に購入して大丈夫なんだろうかと不安に思っているのかもしれない。いずれにしてもマンションに何らかの興味や関心がある人だろう。

しかし、マンションの居住者向けの情報は驚くほど少ない。雑誌などでは、分譲会社や地名などをもとにした人気マンションランキングを特集したり、専門書では、複雑な法体系を紐解いたりしているが、現在進行形でマンションに住む人にスポットを当てた本はあまり見かけない。

私はマンション管理業に30年以上従事している。たいていのトラブルは経験してきたと言ってもいい。修羅場も何度もくぐってきた。現在は、マンションみらい価値研究所の所長を務め、マンションで起きる出来事をあらゆる角度から分析するなどしている。

マンション管理は、居住者からアドバイスを求められる場面が多い。そのため、経験がものをいい、属人的な世界に陥りがちだ。マンションみらい価値研究所は、データの分析や事例研究を公開し、誰もがそれにアクセスできるようにすることで、マンション管理の質の向上を図ることを目的として設立した組織だ。すでに設立から5年を迎え、ホームページ上で公開しているレポートや論文も100を超えている。

それでも皆さんの悩みごとのすべてを解決することはできない。なぜなら、マンションで生じる問題を最終的に解決するには、当事者が民主的な方法によって話し合うしかないからだ。

本書は、トラブル解決指南書でも、ノウハウ本でもない。

私が30年間に出合った出来事をモデルに、なぜその問題が生じたのか、もっと奥深い人間ドラマの部分から皆さんにお伝えしようと考えたものだ。もちろん、有効な解決策があればそれも紹介している。

読者の皆さんにはいったん、日本語の「管理」の持つイメージは捨てていただきたい。マンションで起きるさまざまな出来事を心で感じていただき、本書を読み終わる頃には、民主的な「マンション管理」を実現できる方になっていただきたいと願っている。

マンションに住む人こそが、マンションの未来を変えられるのである。

マンションの未来は住む人で決まる　もくじ

第5章 建物の老朽化が止まらない

第6章 マナーに関する問題

第10章 マンション管理会社の裏事情

第1章
あなたの知らないマンションの世界

マンション特有のコトバ

マンション管理に関する用語は特殊であると言われている。同じような印象を受ける言葉でも実は微妙に使い分けられていることもある。また、一般的な用語とは別の意味で使われていたりする。ここでは、基本的な用語について紹介しておこう。

【区分所有者】

ある「モノ」を持っている人を「所有者」という。これはマンションに限った話ではない。マンションの部屋を所有している人を特に「区分所有者」というが、本書では、マンションの部屋を所有している人も「所有者」と呼ぶことにする。

【賃借人、占有者、居住者】

全部同じじゃないかと思う人もいるかもしれない。ところがそれぞれ、ちょっと違う。まず、マンションの所有者がその部屋に自分で住むことなく、他人に部屋を貸す場合、部屋を借りている人を「賃借人」という。詳しく言うと、賃借人は、所有者との賃貸借契約を締結して家賃を支払って合法的に住んでいる人を指す。家賃の支払いがあるという点がポイントだ。

「占有者」というのは、所有者と同居する家族など、所有者に家賃を払わずに住んでいる人も含まれる。さらには、合法的に住んでいる人に限らず、不法占拠している人も含んでいる。空き家の鍵をこじ開けて、勝手に住み始めた人がいたら、その人は占有者だ。そんな奴は名なしのゴンベエでよく、名前を付ける必要もないと思うが、マンション管理の世界では、占有者という呼称が付いている。賃借人より占有者の方が広い範囲の人を含む言葉である。

また、「居住者」というのは、法律などではあまり使用されていない「ふわっとした」言葉だ。むしろ、居住者には、契約関係がどうであれ、平和に住んでいる人という文学的な響きもあるように感じる。もちろん、マンションを所有し、かつ居住している人も「居住者」のひとりだ。

本書では、特に厳密な区別をする必要がない限り、住んでいる人を「居住者」と呼ぶ。

【管理組合、理事会、理事長】

分譲マンションにあって賃貸マンションにないもの、それが管理組合だ。賃貸マンションはひとりまたは複数のオーナーが共有してすべての部屋を所有している。分譲マンションは部屋ごとに所有者が違う。そこで、分譲マンションにのみ、意見の調整を図るために所有者全員で組織する管理組合がある。「管理組合には入らない」という選択はできない。所有者で何かを決めるときは「総会」を開催して、いわゆる多数決でものごとを決める。

何かあるたびに総会を開くのは非効率でもあるので、何人かの代表者を選出する。その代表者を「理事」と呼ぶ。理事が集まって「理事会」を組織し、ある程度のことはできるようにしている。理事会の代表者を「理事長」と呼んでいる。理事会のメンバーには他に「監事」がいる。管理組合によっては、理事に「会計担当理事」などの名称を付けていたりする。

個々の管理組合の名称は、「マンション名+管理組合」で表す。例えば「レジデンスマンション」の管理組合名は「レジデンスマンション管理組合」だ。ところで、この管理組合という名称、なんとかならないだろうか。法律で決まっているのだから変更できないのは分かるが、ちょっと古めかしすぎると思う。法改正のタイミングで、もう少し先進的なイメージの名称に変更してもらいたいものだ。

【管理規約、使用細則】

管理組合のルールを決めたものが管理規約だ。マンションに関わる法律の範囲内であれば、管理組合で自由に決めていい。しかし、管理規約は、国から「ひな型」が提示されている。ほとんどのマンションは新築マンションのときに、このひな型の通りの管理規約を作成する。まだ、マンションとしての個性がないのだから仕方がない。

しかし、新築と言われる時期を過ぎて、年数が経過し、マンションの個性が出てきたとしても、ひな型から大きく変更することはあまりない。日本人は周囲から逸脱するのを好まないという国民性があるからなのかもしれない。

さらに、一定の管理の質を維持できている管理組合に行政が認定をする制度がある。いわゆる「お墨付き」だ。この認定をもらうには「国のひな型に準拠した管理規約であること」という基準をクリアしなければならない。そうなると、国のひな型通りの管理規約にしておこうという心理が働く。こうした事情からほとんどのマンションの管理規約は似たりよったりである。

一方、個性豊かなのが使用細則だ。使用細則は管理規約の範囲内であれば、自由に決めてよい。国のひな型はない。「ふわっとした」ものから、ひと昔前の中学校の校則以上の厳しい規定が置かれているものまでさまざまだ。「何もそこまで決めなくても」と思うような規定を見かけることもある。

管理規約が日本中でほぼ同じということは、どこに住んでも大枠のルールは同じということになる。気を付けなければならないのは、使用細則に決められた細かいルールなのである。

【管理会社】

マンションの管理は誰がやっていますか、と聞くと「管理会社」と回答する人も多い。さらに、「管理」の持つ言葉のイメージに引きずられて、まるで管理会社が所有者や居住者を掌握して、生活にも干渉できるかのような立場にあると誤解をしている人もいる。しかし、マンションの管理を行っているのは、管理組合なのだ。では、管理会社は何をやっているのかというと、管理組合のオブザーバーとしての役割を担っている。また、設備点検や清掃などの業務を行う場合もある。

各マンションには、一般的に「フロント」と呼ばれる担当者がつく。担当者は１名につき、10棟前後のマンションを担当している。この担当者が理事長や理事会の支援を行い、管理組合との窓口となる。本書では「担当者」と呼ぶ。

また、マンションの規模により、１名から数名の管理員が派遣される。一般的に「管理人さん」と呼ばれる職種である。管理員はマンションの清掃や巡回、来訪者の対応などを行う。本書では「管理員」と呼ぶ。

【管理費、積立金、共益費】

分譲マンションでは、管理費と積立金が集められている。それぞれに用途が異なる。管理費は、日常的に要する費用の支払いのために所有者から集めるものだ。例えば、電気代等の公共料金、管理会社への支払い、ちょっとした修繕などに使う。

積立金は「修繕積立金」とか「修繕維持積立金」などと呼んでいるマンションもあるが、本書では「積立金」と呼ぶ。積立金は計画的に実施される大掛かりな修繕工事に使う。

このように分譲マンションでは、その使途によって、管理費と積立金に分かれている。よく管理費と混同されるのが共益費だ。分譲マンションではこの用語はほとんど使わない。賃貸マンションでは、家賃の他にかかる費用を「共益費」と呼んで徴収していることが多い。賃貸不動産会社に勤務する友人に聞いた話では、共益費は必ずしも使途によって区分されていない。家賃の調整弁であるという。例えば、家賃を20万円と表示すると、周辺相場より「高い」という印象を受ける場合、家賃を18万円、共益費を2万円と表示して、高いという印象をやわらげるために使うことが多いという。

分譲マンションの所有者が転勤などで自分で住まずに、賃貸マンションとして貸し出す場合、その部屋を特に「分譲賃貸マンション」と呼ぶことがある。この場合、賃借人の募集広告では「共益費1万円」と記載されていても、実際のマンションの管理費は1万5000円であったりする。管理費と共益費は考え方も呼び方も違うものだと言ってよいだろう。

【専有部分、共用部分】

大雑把に言うと、コンクリートで囲われた部屋の中が専有部分で、その外側が共用部分だ。専有部分はマンションを購入した人のもので、共用部分は所有者全員のものだ。管理組合は共用部分の管理をするために存在する。マンションを購入するとは、専有部分を自分のものにすることと同時に、共用部分を管理する責任を負うことである。専有部分だけを買ったと思うのは間違いだ。

【資産価値】

マンションの資産価値の指標にはさまざまな考え方がある。そのひとつに、中古マンションとしての「売買価格」を資産価値と呼ぶ考え方がある。ただし、売買価格がどんなに高くても、住む人の満足度が高いとは限らない。その逆もしかりだ。住む人の価値観はさまざまで、数値化することは難しい。そのため、売買価格だけをとらえて資産価値と呼ぶのは適切ではないとする考え方もある。本書は、読者に分かりやすく説明することを目的に、あえて資産価値を中古マンション売買価格とほぼ同義として使用する。

マンション特有のオキテ

マンションには、特有のオキテがある。中には世の中の普通の常識では理解しがたいようなオキテもある。それでも、マンションに関する法律や長い間の商慣習で今でもこのオキテは守られ続けている。これを知らないと、マンションは語れないし、思わぬ落とし穴に落ちることがある。郷に入っては郷に従え、マンションに住むなら、マンションのオキテに従わなければならない。

オキテ1　部屋の中にあっても全部が自分のものではない

マンションを購入するとは、どういうことだろうか。

たいていの人には、お金を払って部屋を買うというイメージがあるだろう。だから、部屋の中にあるものは全部自分のものだと思いがちだ。

しかし、部屋の中にあるにもかかわらず、共用部分とされているところがある。天井に付いている火災を感知するための熱感知器などはその代表例だ。なぜなら、そこに住んでいる人が「目障りだ」と言ってその熱感知器を勝手に取り外したりすると、いざ本当に火事が発生したときに発見が遅れて他の部屋にも影響が出かねないからだ。部屋の中にあっても、共用部分としておくことによって、勝手なことはできないようにしている。

床下にある給水管などは、その逆だ。よほど大きなリフォームをしない限り、床下をめくって給水管の配管を見ることはない。しかも、給水管が古くなって穴があき、漏水するようなことがあれば、下の階の部屋にも影響が出る。それなら共用部分であってもいいはずだ。しかし、床下にある給水管は専有部分、つまりあなたのものなのだ。

もっと不思議なのは窓ガラス、物理的には1枚のガラスだ。しかし、内側は専有部分、外側は共用部分とされていることが多い。ガラスを2枚に剥がして使用するということではない。

例えば子供が兄弟げんかをしてガラスを割るなど、内側から割れた場合は居住者の責任で修理しなければならない。反対に、台風で近所の看板が飛んできてガラスが割れた場合など、外側から割れた場合は管理組合の責任で修理することになる。なお、この場合は加入する火災保険で対応できる。物理的には1枚の窓ガラスを専有部分と共用部分が混在しているかのように規定しているのは、こういう合理的な理由があるからだ。

他にも専有部分なのか、共用部分なのか、その境界線が曖昧なものはたくさんある。玄関扉、インターホン設備などに至っては、マンションによって区分が違っていたりする。例えば、インターホンが故障して「ピンポン」が鳴らなくなったとしよう。あるマンションでは所有者が修理費用を支払うが、別のマンションでは、管理組合が修理費用を負担するということになる。

何も考えずに自分で支払ってしまうと、実は管理組合の費用負担で対応してもらえたかもしれないこともある。自分の住むマンションの区分がどうなっているのかは、きちんと把握していないと思わぬ損をしてしまう。その区分は「管理規約」を見ると分かる。部屋の所有者には一冊ずつ配られているはずだ。

オキテ2 分譲マンションに大家さんはいない

台風で自転車置場の屋根が壊れて自転車が停められないとしよう。賃貸マンションなら居住者が大家さんに電話をすれば、大家さんが自転車置場の屋根を修理し、代わりの区画を手配してくれるだろう。分譲マンションは、そうはいかない。

「え？　管理会社が全部やってくれるんじゃないの？」と思う人もいるだろう。管理会社は居住者から電話を受けると、それを理事長に伝える。理事長は所有者を集めてどうするかを決める。お金は所有者から集めた管理費や積立金から払う。なんでもやってくれる大家さんはいない。

賃貸と分譲の区別がついていない所有者にありがちなのが「管理会社の○○の対応が気に入らない、だから管理費を払わない！」というクレームだ。

自転車置場の例を続けると、壊れた屋根の修理の手配が遅い、代わりの区画では自転車が停めにくいから不満だ、だから管理費を払わない、となる。

ご本人はお金を払わないことによって管理会社をこらしめているつもりなのだろうが、実は、管理会社はちっとも困らないのである。困るのは管理組合だ。

管理費は直接、管理会社に支払われるわけではない。いったん、所有者全員の管理費を銀行口座にプールして、その中から、必要経費として電気代や水道代、管理会社に支払う委託費などを支払う。支払いを拒否する人がいれば、今までプールされた管理費の剰余金などから資金を充当して支払うことになる。

剰余金がなくなれば、全員の管理費を値上げするなどの対応が必要になる。管理費を払わないとしている人の分だけが、減額されて管理会社に支払われるわけではない。所有者のひとりが払わなくても、管理会社の売上げは減らないのである。

こうしたしくみを知らないと、思わぬところで管理組合に迷惑をかけることになる。

オキテ3　1階に住んでいてもエレベーターの点検費用を払う

「私は1階に住んでいるからエレベーターを使わない。その分の管理費は安くならないのか」

これはマンション管理に関する古典的な質問だ。いろいろな入門書にも必ずといっていいほど出てくるが、あえて紹介しよう。

部屋ごとに利用頻度に応じて管理費の金額を変える、そんなことを言い出したら、最上階の人だけが屋上防水の修繕費を負担するとか、2階の人は1階から2階の階段まで、3階の人は1階から3階の階段まで……の費用を負担するなど複雑さを極めてしまう。使うか、使わないのかで管理費や積立金の費用は区分されていない。

管理費や積立金は、マンションという建物を均等に分割して、それを全員で負担するという考え方だ。ほとんどのマンションでこの考え方が採用されている。

これとは反対に、機械式駐車場は使用者の使用料だけでその修繕費用を賄うようにしようという考え方が主流だ。

「エレベーターのときと言っていることが違う。機械式駐車場もマンションの設備なのだから、全員で負担するべきなのではないか」と思う人もいるだろう。

機械式駐車場は、その点検費用や修繕費用が莫大な金額になることから、不公平感が他の共用部分より大きい。所有者は平等に管理費や積立金を払うことが原則だが、機械式駐車場は例外、と思っておこう。

オキテ4　今まで払った積立金はマンションを売っても戻ってこない

将来、マンションを修繕するために所有者は積立金を払う。自分が所有している間に修繕工事が実施されれば、自分が払った積立金が使われてマンションがきれいになるのだから、納得がいく。しかし、自分が所有している間に修繕工事がされなくても、マンションを売って出ていくときに積立金は返金されない。

積立金という言葉の響きから、銀行の積立定期預金のようなイメージを持ち、マンションを売却するときに返金されると思っている人もいるが、そうではない。

マンションは毎日劣化している。たまたま、何年かに一度、まとめて修繕工事をしているだけで本来は毎日の劣化分の費用がかかっているはずだ。そうした毎日の劣化分に対する費用を支払う、共用部分の使用料のようなものだと考えてほしい。

なんだか損をしたような気持ちになる人もいるかもしれないが、一度、マンションに払った積立金は、自分のものではなく、マンションの財産となる。「返せ」と言っても戻ってこない。そういうオキテになっている。

オキテ5　1階でも20階でも、面積が同じなら管理費は同じ

マンションが販売されているときの価格表を見ると、階数が高い、面積が広い、南向き、窓からの眺望がよいなどのプラス面の特徴があると価格が高くなっている。つまり販売価格は、広さだけに留まらず、いろいろな要素の組み合わせで決まる。

しかし、マンションの管理費や積立金は、面積だけで決まる。同じ60㎡なら、1階だろうが20階だろうが同じ金額となる。

高い価格の部屋を購入したお金持ちの人に、管理費をたくさん払ってもらおうという考え方もあるだろう。国が公表している管理規約のひな型では、価格に応じた費用負担も「あり」としている。販売価格を考慮して管理費や積立金を決めるというルールにし

てもよいのだが、それをしているマンションは見たことがない。

販売価格は時とともに変動する。30年前のバブル期に1億円であった部屋が今では5００万円になったという話も聞く。新築のときに高かったからといって中古マンションとしての価格が決まるわけではない。価格変動があったから管理費の負担割合を変えようという話になると適切な管理に支障が出かねない。これからも管理費や積立金は面積の大小だけで決まっていくことだろう。

オキテ6　前の所有者が滞納した管理費はあなたが払う

あなたが管理費や積立金の滞納がある部屋を購入すると、前の所有者が滞納した管理費等はあなたが払わなければならない。まるでマンションを購入した人が、見ず知らずの他人の借金を背負わされるような感じもするだろうが、これもまた分譲マンション特有のオキテである。マンションを購入するときには、前の人が管理費等を滞納していないか確認することが必要だ。

だが、安心してほしい。中古マンションを不動産会社の仲介によって購入する場合は、この滞納情報は必ず重要事項説明書に記載されているはずだ。また、実際の売買取引のときには、不動産仲介会社が売買代金で清算してくれることがほとんどだ。

オキテ7 マンションの多数決は人数が多いだけでは決まらない

マンションで何かを決めるときは多数決で決める。ただし、多数決といっても、運動会の玉入れのように、多い方が勝ちというわけではない。たとえ賛成が多くても一定数に満たなければ決められない。

例えば、来年の予算を決めるときは過半数の賛成がないと決められない。一度、決まったルールを変更しようとするときは、4分の3以上の所有者が賛成しないと変更できない。

例えば、40戸のマンションに所有者が40人いるとしよう。予算を決めるには21人以上が賛成する必要があり、ルールを変更しようとするときは、30人以上が賛成する必要がある。

マンションに関心のある人が半数以下になると、何も決まらないということになる。

マンション管理の世界は「情報の非対称性が大きい」と言われている。非対称性とは何か。

白い紙の真ん中に縦線を引き、線を挟んで左右に円を描いたところを想像してみてほしい。その円の大きさが違うことを「非対称性」という。

マンション管理では、小さい円が管理組合や居住者、大きい円が管理会社やマンション管理士等の専門家となる。つまり、管理会社や専門家の持つ情報量が非常に大きく、格差があることを示している。これでは健全な市場が形成されにくい。

その原因のひとつが、このコトバの特殊性と理解しがたいオキテの存在にある。これらが理解できれば、管理組合や居住者も多くの情報を得ることができるようになるだろう。

次章からは、ショートストーリー仕立てで、私が今まで出会った居住者の人々の生活を再現しながら、今、マンションが抱えている課題について考えてみよう。

第2章
マンション3大トラブル
漏水、騒音、ペット

30年くらい前のことであるが、マンションで発生する居住者間のトラブルの上位3つは、漏水問題、騒音問題、ペット問題であった。これらは「3大トラブル」と呼ばれていた。訴訟に発展するケースも多く、ちょっと検索すれば判例は山のようにある。中には、同じマンションの居住者同士で三つ巴、四つ巴の訴訟合戦が繰り広げられているマンションもある。

居住者間にトラブルがあると、マンション全体の人間関係がぎくしゃくする。マンションは、住民間の多数決でものごとが決まる。住民同士が戦っていては何も決まらない。訴訟合戦のマンションが住みやすいわけがない。

3大トラブルは、ひとたび発生すると、解決までの時間が長くかかり、多くの人がそのトラブルに巻き込まれてしまう。自分が当事者となる前に、正しい知識を身に付けておきたい。

漏水事故対応サービスはない

302号室 VS 402号室

302号室

洗面所の天井や壁に茶色い「しみ」のようなものができた。そっと触ってみると、じっとり濡れている。漏水か？　早速、管理会社に電話した。担当者と名乗る人が出てきた。

「上階からの漏水の可能性があります。上階の方に連絡してみます」

そう言われてから何日も経過している。あの担当者は本当に連絡してくれたのか。疑心暗鬼になる。

とうとう、水滴がしたたり落ちるほどになってきた。怒りが増幅する。

ようやく、上階の居住者とやっと連絡が付いたと担当者から電話があった。上階の人の話では「水をあふれさせたりしていない、何も思い当たることはない」という。

ではこの漏水は何なのか。

さらに詳細に調査しますと言われ、また何日か経過した。得体の知れない水が不気味だ。もし、これが排水だったらどうなるのか。自分は毎日、上階の人の排水、つまり、汚物にまみれていることになる。どんどん怒りが増幅する。

それからまた何日かして、ようやく担当者から連絡が来た。

「調査の結果、上階の洗面所の床下にある給湯管にピンホールがあいており、そこから漏水しています」という。

とりあえず、排水ではないようだ。少しほっとする。後は一刻も早く修理してもらうだけだ。

「原因が特定できたのなら、すぐに直してくれたのですよね？」

そう聞くと、思いがけない回答がある。

「今は応急処置に留まっています。給湯管の工事の実施には、上階の住戸がお湯を使えなくなるなど生活に支障が出ますので、上階の方と工事会社との日程調整が必要です。また、修理の前に見積書を作成するために別の日程調整も必要です。すぐというわけにはいきませんが、できる限り……」

頭に血が上って、担当者の声が聞こえない。

上階の住戸の生活に支障？　それなら自分だって生活に支障が出ている。怒りが爆発する。

「上階の給湯管をすぐに直せ。この部屋の内装を全部やり直せ。慰謝料も請求してやる！」

402号室

見覚えのない電話番号からの着信履歴を何度か確認していた。無視していたがしつこくかかってくる。インターネットで番号を検索してみると管理会社のようであった。何かあったのか。

仕方なく、管理会社の担当者の話を聞くと、下階の住戸の洗面所の天井に漏水が見られるという。水をこぼしたとか、洗面台の水があふれたとか、そんなことは一切ない。それでもしつこく室内を見せろと言うので、自分の身の潔白を証明するつもりで了解することにした。

管理会社から派遣されてきたという作業員が洗面所の床下の点検口を開けると、こもったような臭いがする。作業員に促されて中を覗くとコンクリートの上に水たまりができていた。

「床下の給湯管に穴があいています。これが漏水の原因ですね、応急処置はしたので、後は専門の工事会社に手配してください。下階の住戸の洗面所に被害が出ているようですので、下階の内装工事も必要です」と言われた。

下階の住戸の被害？　まるで自分が加害者のような言い方ではないか。

だいたい、そんな見えないところにあいた管の穴からの漏水が自分のせいだというのか。とにかく自分は何も悪いことはしていない。管理費や積立金を払っているのだから、それでなんとかするべきだ。下階の内装工事のお金を払うなどあり得ない！


マンションで発生する漏水は、原因箇所の特定が難しい。さらに、下階の部屋が水浸しになる被害が出た場合は内装のやり直しが必要になるなど、賠償額が高額となることから、発生後の解決が難航しがちである。

自動車保険のテレビCMなどで、「24時間電話で受付。事故の相手方とも直接お話しします、専任担当者が示談の交渉も行います」という内容の放送がされている。残念ながら、マンションにおける事故やトラブルに、こうした自動車保険のような示談交渉をするようなサービスはない。このサービスがテレビで流れており、世の中に浸透していることが、「何かあれば、誰かが間に入ってくれるのが当たり前」という誤解を生み、トラブルの解決を他力本願で考える風潮を生んでいるようにも思うが、自動車保険だけが例外なのだ。

専有部分からの漏水事故では、何も悪いことをした覚えがないのに、ある日突然「あなたが加害者です」「修理する責任があります」「損害を賠償してください」などと言われる。驚きがやがて怒りに転じる。

さらに、被害者と加害者は、マンションに住む者同士、エントランスやエレベーターの中で遭遇する可能性もある。顔を合わせると気まずい。どうしても自分では話をしたくない、誰か他の人に解決してほしいという心理から、漏水の責任を関係ない第三者に転嫁したり、さまざまな理由をつけて、管理会社に解決を要求するケースもある。しかし、上下階のトラブルには、法律上、弁護士以外の者が仲裁をすることはできない。

冷たいようではあるが、どうしても当事者間で話をしたくないときは、弁護士に依頼するより他ないのだ。

トラブルを回避する方法として「予防保全」という考え方もある。マンションのどこかの部屋で、給湯管や給水管から漏水事故が発生したのなら、他の部屋も同じように給水管などが劣化していると考えられる。次はいつ、どの部屋で起きてもおかしくない。そこで、管理組合にて、共用部分の給水管工事とまだ漏水していない住戸も含めた専有部分の給水管工事とを一体化して実施した事例もある。

また、下階への損害賠償には、マンションで加入している火災保険に特約がある場合や、所有者自身で加入している火災保険から支払いができる場合がある。加入している保険の内容も確認しておこう。

上の階からの騒音

204号室 VS 304号室

204号室

夫婦は、マンションで2人だけの生活をしていた。近所にも友人と呼べる人はいない。年金でなんとか生活はできているが、余裕はなく、将来の生活には不安がある。夫は非常に神経質である。夫婦2人でほとんど会話もなく、いつからかテレビの電源を入れることもなくなった。家の中はいつもしんと静まり返っている。キッチンの蛇口をひねる音すらリビングに響いている。

午後になると学校から帰宅する子供がいるのか、上階からドタドタという物音がする。その音が聞こえてくると、夫は「うるさい！」と怒鳴り散らし、「なんとかしろ！」と妻に八つ当たりする。妻はこうした夫の言動にストレスを感じていた。

ある日、また上階の音が聞こえてきた。幸いにして、夫は眠っているようである。夫が目を覚ます前に上階に注意しに行こうかと考えた。しかし、トラブルになると面倒だ。

いろいろ考えた末、妻は匿名で、上階のポストに子供を静かにさせるよう注意する手紙を投函することにした。ただし、手紙の主が自分だと知れると、人間関係がぎくしゃくして、このマンションに住みにくくなるかもしれない。そこで、自分だと分からないように書くことにした。

匿名になると、気持ちが大きくなる。妻は思いつく限りの、相手が傷つくであろう言葉を並べた。

304号室

小学生の男の子が2人。ごく普通の男の子の兄弟である。男の子が2人いるとそれなりに騒がしい。それでも、「人に迷惑をかけないこと」を教育方針としてきた。親のひいき目もあるがいい子に育っていると思う。

夫婦はマンションを購入するときに音の問題については特に気を配った。不動産会社にコンクリートスラブ厚やフローリング床材の等級などについて確認した。不動産会社からは「賃貸マンションとは異なり、分譲マンションは造りがしっかりしているから大丈夫ですよ」と言われた。それなら近所に迷惑をかけることはないと思った。夫婦の年収では住宅ローンを組むのに精いっぱいであり、前の居住者が使用していたフローリング床材を張り替えるような大掛かりな内装工事はしていない。

誰にも迷惑はかけていない、夫婦はそう思っていた。

ところが、ある日、郵便受けに二つ折りの手紙が投函されていた。妻が手紙を開けると「うるさい」「子供を静かにさせろ」「親に常識がないのか」「出ていけ」「迷惑だ」という文字が躍る。頭が真っ白になった。

誰がこんな怪文書を投函したのか、あれこれ考えているうちに妻はこの手紙は自分に宛てられたものではないと考えた。

「きっと誰か他のお宅と間違えて投函したのだろう。人に迷惑をかけるような生活はしていない」

妻は手紙をゴミ箱に捨てた。

残念ながら騒音問題に決定的な解決策はない。漏水問題と同様に、被害者と加害者の間に保険会社が入って話をするようなサービスもない。管理会社が当事者間の仲裁をすることもできない。管理会社ができるのは、掲示板などに部屋番号を特定せず、「夜間の騒音に注意してください」という掲示をするとか、全戸に同じ文面のお知らせを投函するとかマンション全体に告知することである。

マンション全体に対する告知でも解決している例もある。もしかすると、この掲示板の騒音は自分のことを言っているのかもしれない、そう思って生活に気を配るようになる人が多いのも事実だ。

また、マンションの騒音問題は音の発信源が特定しにくいという特徴がある。コンクリートの音の伝わり方は複雑で、隣や上階の音だと思っても、別の住戸からの音だったりすることもある。「上階の人がうるさい」と最初から決めてかかるのは危険だ。

全体に対する告知でも解決できない場合は、当事者同士で話し合うことになる。話し合いに必要なのが客観的事実だ。「うるさい」というのは、個人の主観であり、他の人はうるさいと思わないのではないかと言われることもある。この場合は、実際に発生している音の発信源とその大きさを専門の会社に依頼して測定するのがよいだろう。実際に測定すれば、客観的な数値で示すことができる。ただし、測定の結果、そう大きな騒音ではないという結果が出ることもある。測定の結果を受容しなければならない可能性もあることを覚悟しておこう。

測定により、大きな騒音であると分かった場合、その結果を持って損害賠償請求の裁判を起こすケースもある。判決は「受忍限度を超えているかどうか」により分かれている。受忍限度とは、文字通り、「我慢できる範囲かどうか」というレベルを示すものだ。実は、この受忍限度のハードルはかなり高い。そこまで我慢しなければならないのか、というようなハイレベルな騒音である。反対に言うと、受忍限度を超えるような大きな騒音であれば裁判上で解決することができる。

なお、騒音問題では、残念なことに、いずれか一方がその後マンションを退去しているケースが多い。マンションの将来をともに考えていく仲間であるはずが、「この人とは同じマンションで生活できない」ということになるのだろう。

実際に管理会社に寄せられている騒音に対するクレームを紹介しよう。なお、マンションや個人が特定されないよう、一部編集を加えている。

マンションではいつ自分が加害者になるか分からない。この音の主は、もしかするとあなたなのかもしれない。

事例１

だいぶ前から困っていることがあります。近所の住人が廊下を通り、私の部屋の手前で大きな声で話をしています。何年も前から同じようなことがありました。最近またそれが増えてきています。過去に自分でも手紙を心当たりの□□号室へ入れたのですが、□□号室の男性の年配の人が怒って私に話をしてこられ、怒鳴られたりしたこともありました。私自身、音には過敏に反応しているのかもしれません。

今日も以前と同じように私の家の前を大声で通る人がいます。とてもうるさいと感じています。最近は、その状況が起きると部屋の中で叫んでしまうくらい精神面でも疲れており、苦しんでいます。どうか、ご対応のほど、よろしくお願いします。

▼事例2

近隣トラブルを避けたいため匿名で連絡をしています。およそ半年ほど前からご近所の住民の方のボールをつくような音がひどくて困っております。恐らく○○号室の方だと思いますが確かではありません。管理会社から直接本人に注意を促していただけないでしょうか。トラブルは避けたいのでクレームが出ているとかということは伏せて対応してください。くれぐれもお願いします。

▼事例3

マンションの騒音トラブルで、隣人から騒音元と誤解され、警察を呼ばれたり大変迷惑をこうむっています。管理組合も管理会社も十分な調査をせず、隣人の言葉のみを鵜呑みにし、騒音元との疑いがかけられ、大変憤慨しております。その後、騒音元の特定がされないまま3か月以上経過しています。進捗状況や、謝罪など一切ないのはどういうことでしょうか。説明してください。

事例1と2は被害者側からのクレームである。どんなに困っているのかを訴え、かつ、絶対に相手方に自分のことは隠してほしいという要望がなされている点が共通している。事例3は反対に、加害者とされた方からのクレームである。

騒音の問題がマンション全体への告知で解決しない場合でも、加害者と思われる住戸へ直接、かつ匿名性を持って注意をすることがいかに危険であるかお分かりいただけるであろう。

30年生きている犬　101号室 VS 501号室

101号室

夫婦は20年ほど前に、のんびりと過ごすために郊外に移転しようと、このマンションに引っ越してきた。仕事人間として過ごしてきた時間が長いためか、夫婦そろって家にいても会話も少ない。そこで、小型犬を飼うことにした。

マンションを購入した当時、不動産会社にはペットの飼育をしてもよいのか、きちんと確認した。

「マンションのルールでは禁止になっていますが、そうは言っても、内緒で飼っている人はたくさんいます。人に迷惑をかけなければいいと思いますよ」

他人に迷惑をかけるつもりはない、それを信条として今の社会的地位を築いてきたのだ。

夫婦はほとんど吠えることのないおとなしい種類の犬を購入した。散歩はケージに入れてから、車に乗せて少し離れた土手沿いまで行くようにしていた。1階であることからエレベーターに乗せる必要もない。風呂に入れて清潔を保ち、散歩のときの糞尿も薬剤で処理してからきちんと廃棄している。

近所付き合いが煩わしいこともあり、マンションの総会には出たことがなかった。このマンションで何が起きているか知らないし、関わりたくもない。

10年前に、初代愛犬が死亡した。妻の悲しみは深く、数か月の間、食事も喉を通らないほどであった。夫は妻を心配し、とてもよく似た犬を購入してきた。その2代目の犬も老犬になってきている。またよく似た3代目の犬を探さなければならないかもしれない。

501号室

夫はアレルギー体質である。ハウスダストの他、獣の毛など、あらゆるアレルゲンに反応してしまう。都心部は空気が悪く、ほこりも多い。そのため、都心まで約2時間という通勤にギリギリの範囲であるこのマンションの最上階を選択した。購入前に不動産会社を通じてマンションのルールはしっかり確認している。

このマンションは20年くらい前に、ペットの飼育が禁止であるにもかかわらず、飼ってしまった人がいて、居住者同士が対立した。その後、マンションのルールが一部改正されて決着している。

その当時の解決策は、次のようなものである。

「禁止であるにもかかわらず、飼ってしまっていた場合は、そのペットが死ぬまでの間に限り飼育を許可する。それ以外は一切禁止とする」

犬の年齢は人間の6倍のスピードであるという。20年前だから当時、子犬だったとしても120歳。もう生きている犬はいないだろう。つまり、このマンションにペットを飼育している人はもういない。夫婦はそう思った。

駅までは遠いため、夫は早朝に車で妻に送ってもらう。

そんなある日、駐車場で車を出そうとしていたときに、大きな特徴的な籠を持つ夫婦を見かけた。あれは犬を入れるケージではないか？　だとしたら大問題だ。120歳の犬がいるわけがない。ルール違反だ、すぐにやめさせなければ。夫の健康をどうしてくれる！

ペット問題は新しい局面を迎えている。

2003年以前は、ペットを飼うことを禁止しているマンションがほとんどであった。禁止されているにもかかわらず、ペットを飼ってしまう人がいることが問題視され、全国各地で訴訟となるケースも続出していた。多くの判例では、ペットの飼育を禁止しているルールが存在すれば、ペットの飼育を禁止する側が勝訴している。

その当時、「裁判まではしなくても、何か円満に解決する方法はないか」というマンションの多くで採用されてきたのが、「一代限り飼育可」という方法である。

一代限り飼育可というのは、決してペット飼育可のマンションに変更するわけではない。ペットの飼育は不可というルールのまま、そのときに飼育されていたペット一代に限り、届出をすることによって飼育を認めるものである。そのペットが亡くなれば、次のペットを飼うことはできない。もちろん、そのときにペットを飼育していない居住者も新たにペットを飼うことはできない。時間が経てばペットを飼育する住戸はなくなるという解決方法である。飼育不可というルールの原則を変更していないし、飼育してしまった人にとっては、可愛いペットを殺処分したり、手放したりしなくていい。この「両者の意見の間を取って解決する方法」は、なんでも間を取ることの好きな日本人に適した解決方法であった。

その後、２００３年を境に、マンションにおけるペットの状況が大きく変わる。マンションの分譲会社が、マンションを販売するときに決める管理規約をペット不可から可に変更したのだ。

なぜ２００３年なのか。これには、バブルの終焉が大きく影響していると言われている。２００２年に株価はバブル後最安値の９０００円を付け、景気が後退した世の中でペットに救いを求める人が増えた。事実、ペット販売は２０００年を境に急増している。

日本国民がこぞってペットに心の癒しを求めたのだ。ペット問題は日本の経済を映している鏡であるともいえる。

あの当時、ペット不可の管理規約であったマンションで飼育されてしまったペットは、「一代限り飼育可」として飼い主のもとを離れることなく飼育され続けていた。あれから時間が経過し、その当時に飼育が許されたペットたちはどうなっているのか。

マンションみらい価値研究所が実施した調査の結果、驚くべきことに、いくつかのマンションにおいて、当時から飼育されたままであるペットが存在していることが分かった。犬の寿命は20年程度である。猫はもっと短い。届出がされたときに成犬だった犬の年齢を考えると30年以上生きている犬や猫がいることになる。

飼い主でもなければ、同種の犬の個体を見分けることは難しい。入れ替わっていても分からない。一代限りのはずが、2代目、3代目になっているのだと思われる。

放置したままでいると、ようやく解決したはずのペット問題がまた再燃するのではないか。なし崩しにペットが飼育されているマンションでは、今度こそペットを手放せということになる可能性もある。過去に一代限り飼育可として決着したマンションは、もう一度、届出された書類を確認し、現在も飼育されていないか確認してみよう。

マンションの３大トラブルの根深さをお分かりいただけただろうか。

もちろん、今までに起きた３大トラブルを教訓にして、いくつもの改善は行われている。例えば、床材や給水管の材質や性能は大幅にアップしている。そう聞くと、いつかは騒音や漏水の問題はなくなりそうに思うだろう。しかし、そう簡単にはいかない。

例えば、１９９０年築の建物が築30年を経過したときと、２０２０年築の建物が築30年を経過したときでは、２０２０年築の建物の方が、漏水や騒音の発生率は低いに違いない。それでも、築年数が経過した建物は減っていかない。つまり、どんなに建物の性能を上げても、トラブルの絶対数は増加し続けている。

ペット問題は、解決したように見えてまた再燃のきざしがある。

３大トラブルを巻き起こしているのは「人」である。人の行動や考え方を変えないと、いつまでもなくならない。

第3章
認知症高齢者の増加が止まらない

「マンションに住む認知症高齢者の困ったエピソードはありますか?」

よく聞かれる質問である。相当に症状が進んだ方の事例をセンセーショナルに取り上げ、「そんな人がいるマンションには住めませんね、皆さん迷惑しているでしょう。認知症高齢者にマンションを出ていってもらうにはどうしたらいいですか?」などという極端な質問につながることもある。

本人とその家族以外の人にとっては、認知症はまだ他人事であり、マンションにおいては排除の対象となっているようにも思う。

しかし、内閣府の調査によると2012年は認知症患者数が462万人と、65歳以上の高齢者の7人に1人であったが、2025年には約700万人、5人に1人になると見込まれている。もはや、認知症高齢者の居住していないマンションはないと言っても過言ではない。認知症高齢者を排除しようとするなら、マンションに住むことができる人などいなくなってしまう。

防犯カメラに映っていたシーンは……

自転車置場近くの植栽の中で、フンが見つかった。しばらくして、また同じことが起きた。管理員がその都度、おがくずをまくなどして処理をしていたが、あるとき、理事会でもこのことが問題になった。

「マンションの居住者が飼っている犬のフンなのではないか。散歩の帰りに植栽の中でフンをさせているのではないか」という意見が大半を占めた。ほとんどの理事は犬を飼育している「誰か」のマナー違反だと考えた。理事会では犯人を特定するために自転車置場に設置している防犯カメラを再生することにした。ちょうど植栽の辺りも映っているはずである。

そこで理事会では、管理会社の担当者も立ち会い、カメラ映像を再生した。

すると、あろうことか、そこにはマンションに住む高齢女性がまさに洋服の裾をまくり上げ、大便をするシーンが映っていた。理事会の場が凍り付いたのは言うまでもない。

その後、理事会では、その高齢女性のいる部屋を訪問し、家族から本人に対して注意していただくよう申し入れをした。

この事件の後、家族から強く注意をされたのであろう、高齢女性が毎日のように管理事務室を訪問してくるようになった。

管理員に対して「私はあなたに犯人にされた、私がそんなことをするはずがない」と抗議し続ける。

管理員もどうすることもできず、すっかり憔悴してしまった。

この話は実話である。ご本人にしても、ご家族にしても非常に恥ずかしい出来事であったろう。また、理事会も、そんなシーンがあるとは思いもよらず、家族にどう伝えるべきか相当に悩んだであろう。誰もが不幸な状況に置かれた出来事であった。

この後、この高齢女性はどうなったか。あるときから、ぷっつりとその姿を見かけることがなくなったそうだ。担当者のもとには、高齢者施設に入所したのではないか、そんな話がどこからともなく聞こえてきた。認知症高齢者の方とともに暮らすにはどうしたらいいか。まだ、試行錯誤中のマンションも多い。これは、その答えを見つけることができなかった事例である。

家族と同居する認知症高齢者の場合、その家族は認知症の方がいることを隠そうとする傾向がある。できる限り部屋から出ないように気を配り、ご近所の会話でも家族のことを話すことはない。

確かに、心ない言葉を浴びせる人もいるだろうし、打ち明けたところで何も解決しないかもしれない。ただ、黙っていては何も進まない。

「うちには認知症のおばあちゃんがいます」

このひとことを言う勇気を出してほしい。そこからともに暮らしていくにはどうしたらいいかを考える人が出てくるだろう。たぶん、あなたの家だけではないはずだ。65歳以上の5人に1人は認知症なのだ。

小人が天井裏に住んでいる!?

管理会社では、例えば停電や断水、漏水などのトラブルのためにコールセンターを設置している会社が多い。このコールセンターに認知症と思われる方から電話が入ることがある。

いつの頃からだろうか。特定の方から、連日のように電話がかかってくるようになった。

その居住者は「この部屋の中に小人がいる」「誰かが私を天井から見ている」「すぐに来て！　小人をすぐに追い払ってほしい」と言い続ける。

どう考えてもマンションの天井に人が入る隙間などない。コールセンターの担当者は、すぐに認知症による幻聴や幻覚であると思った。

しかし、「あなたが見ている小人は幻覚ではないですか」などと言うわけにもいかず、根気強く電話の応対を続けるしかない。電話があると仕方なく、1時間ほど応対をすることにした。

そして、1時間を過ぎてから「これ以上お話ししても解決できません。申し訳ございませんが、電話を切らせていただきます」と一方的に通話を終了する日が続いていた。

平常時であれば対応も可能だが、例えば集中豪雨などの災害が発生し、他に急を要する入電があると、この方の対応のために、他の緊急の電話に出られなくなる可能性すらある。

コールセンターはとても困っていた。

この話には続きがある。この出来事の後、解決の糸口を見つけるために管理会社の担当者がご家族とご本人に話を聞きに行くことになった。コールセンターへの電話はどうやらご家族が目を離したすきにしているらしく、ご家族はコールセンターに電話をしていることを知らなかった。

ご本人は「誰も私の話を信じてくれない。今日はたまたまいないが、小人はいる。本当だ」と主張する。担当者は、自分の家族に認知症の高齢者がいたこともあり、こうした場合にご本人の話を否定してはならないことをよく知っていた。

そこで、天井に点検口を取り付けることを家族に提案した。簡単な数万円程度の工事である。

この工事以降、ご本人から「小人がいる」という電話をいただくとコールセンターでは「おばあちゃん、紐を引っ張って、点検口を開けてみてください。中に誰かいますか」という問いかけをすることにした。

すると、ご本人は、点検口を開けて、誰もいないことを確認し「小人はどこかに逃げていったようだ」と言って電話を切るようになった。そのうち、コールセンターには電話もかかってこなくなった。

よく、認知症高齢者の方にどのように対応したらいいか、成功事例を紹介してほしいと言われる。しかし、認知症にはさまざまな症状がある。人間の数だけ事例があると言っていい。この件は、成功事例ではあるが、すべての方に当てはまるとは限らない。認知症の方への対応方法には正解がない。本人とその家族の話をよく聞くことから始めるしかない。

現代版ピンポンダッシュ

40代の女性は、70代の母と2人暮らしであった。

娘から見て、母が認知症なのは明らかだった。娘は年齢的にまだ働けるはずだった。しかし、認知症の母がいては就業などとてもできない。母の年金が今の生活の収入のすべてである。

「自分が今まで築き上げたキャリアもこの母がいてはもう生かすこともないだろう。行政に相談すれば何か支援が受けられるのかもしれないが、とても動き出す気になれない」

そう思って娘は周囲の支援すら受けようとはしなかった。
それどころか「母が認知症だと知られれば、現在自分がカードや印鑑で引き出している母の年金や預金がどうなってしまうか分からない。今の自分の預金だけでは暮らしていけない。母がどんな状況になってもこのまま2人で暮らすしかない、自分の人生は母のために失うしかない」

娘は、自分の将来を悲観していた。

ある日、ふと気が付くと部屋の中から母の姿が見えなくなっていた。

「また、ひとり歩きが始まったのだろう。このまま帰ってこなくてもいい、その方が自分にとっては幸せかもしれない」

母の死さえ願う自分がいることをなんとなく感じながら、警察に連絡することも探すこともしなかった。


どのくらい時間が経過しただろうか。インターホンが鳴った。

「お宅のおばあちゃんが、ご近所のインターホンを全部鳴らして歩いていますよ！家でちゃんと見ていてください！　困ります！」と怒鳴る声が聞こえてくる。

「私だって被害者だ！」
娘はドアに向かって怒鳴り返した。

認知症高齢者の方にお話を伺うと、マンションは非常に住みにくいという。マンションの玄関ドアは、どの階も同じで、廊下に立つと同じような風景が広がっていて、どこが自分の部屋なのか分からなくなってしまうそうだ。

玄関のインターホンをピンポンして回るのは、自分の部屋を探す行為なのである。ひと頃、こうした認知症の症状を「徘徊」と呼ぶこともあったが、今は「ひとり歩き」と呼ぶ。

私が幼少の頃、子供が近所の家のインターホンを鳴らし、居住者が出てくるまでの間にダッシュして逃げる、それをピンポンダッシュと呼び、子供たちのスリルあるいたずらのひとつであった。しかし、現在では、近所の部屋のインターホンを鳴らすのは、子供ではなく、認知症高齢者なのだ。さらに、認知症高齢者はダッシュはしない。居住者が出てくるまで、玄関の前でじっと待っていることもある。

認知症高齢者といっても、ひとり暮らしの方もいれば、家族と同居している方もいる。

ひとり暮らしの場合は誰かに対応を求めるのは難しい。また同居する家族がいれば、いったんは家族に対応を求めることはできるが、非協力的な場合もある。この話のもとになった事例でも、同居する娘の日頃の行動をネグレクトではないかと疑う通報すらあった。ひとり暮らしの場合や、家族が地域包括支援センターなどの支援を求めず、周囲の支援を拒絶する場合はどうしたらいいのか。

この事例では、この後、母のひとり歩きへの対応をどうするべきか、管理会社と管理組合で協議した。そして、管理員が業務時間中にこの高齢者のひとり歩きを見かけた場合、声をかけて自宅まで連れていくことにした。

本来であれば、それは管理員の業務ではない。

管理員の費用は管理費から支出されている。つまり所有者全員から集めたお金である。特定の居住者にのみ提供するサービスに管理費を使うことは不公平であるという考え方を持つ人も多く、特定の居住者へのサービスの提供は原則としてご法度である。それでも、他の居住者の理解を充分に得た上で、管理員が声をかけることになった。

その後、娘は地域包括支援センターからの支援を受けることができ、マンションは売却され、母娘ともに退居している。積極的な周囲の支援が徐々に娘の心を開かせたのではないかと思っている。

自ら支援を求めない居住者にどのような支援ができるのかを考えることも、周囲の居住者の責務なのかもしれない。

オートロックの前に呆然と立ちすくむ人

高齢の男性は時折、近所に散歩に出かけていた。管理員はその男性に認知症の症状があることに気が付いていた。オートロック扉の前に立つと、鍵がどこにあるのか分からない、鍵を取り出すことができても、オートロックの開錠方法が分からない、そんなことがあったためだ。

そこで、管理員は男性がマンションに戻ると、気を利かせて、オートロック扉を管理事務室側のスイッチを操作して開錠した。そうして男性はオートロック扉をいわばフリーパスで通過していた。

ちょうど管理員の休務日に、男性はいつもの通り散歩に出かけた。

しかし、マンションに帰ってきてもオートロックを開けてくれる管理員がいない。

男性は、長い間、扉の前で立ち尽くしていた。昼間の時間はマンションに出入りする人もそう多くはない。男性はとうとうその場で失禁してしまった。

その後、通りかかった居住者が男性のただならぬ様子を見かけて声をかけ、住戸内の親族に連絡し、ようやく部屋に帰ることができた。

翌日、居住者からその話を聞いた管理員はとても後悔した。

「自分がいれば、こんなことにならなかったのに……」


この後、この男性はどうなっただろうか。

このことがあってはじめて、男性の親族もいつもは本人がオートロック扉を開錠できているのではなく、管理員が開錠しているのだと知った。今後、いつまた管理員の休務日に散歩に出かけようとするか分からない。

そこで家族は管理会社と相談することにした。その結果、家族は男性がデイサービスを利用する日を管理員の休務日に合わせることにした。デイサービスの日は散歩に出かけることはない。こうして、男性は散歩に出かける習慣を継続することができた。

マンション管理の実態は、管理員の「人間性」に頼るところが大きい。管理会社が管理員業務マニュアルなどを作成し、均質なサービスの提供に努めていても、最終的にどう対応するか判断するのは人間だ。どのようなサービス業であっても、大なり小なり個人の人間性による部分は存在はしているだろうが、マンション管理は生活に密着しているためか、特にその要素が現れやすい。

この事例では、日常的に管理員がオートロックを管理事務室側から開錠している。しかし、管理員業務は原則として、いわゆる「顔パス」でオートロックを開錠することは許されない。不審者をマンションの中に入れてしまう可能性もあるからだ。この管理員はいわば、会社の示したマニュアルに反して、その業務を行っていたことになる。

それでも、管理員は毎回、ご本人が鍵を探し回る姿を見ていられなかったのであろう。結果として、ご家族からも理解を得て、デイサービスの日を調整することで居住者の方から感謝されているが、本来であれば、トラブルが発生する前に管理会社の担当者に相談すべきであった。

管理員の日常業務から聞こえてくるエピソードには、感動的な話も多い。しかし、その対応が全員の管理員で均一に提供できるわけではない。こうした話を公開すると、

「うちのマンションの管理員さんはそこまでやってくれない。管理員を交代させてほしい」という話になることすらある。
マニュアルにならない対応をどうしていくのか、重たい課題である。

ゴミ屋敷に住む人

この部屋に住む男性は50歳のときに妻と離婚していた。親類とは疎遠である。現在受給している国民年金も少額であり、今までの預貯金を取り崩してなんとか生活している。そのうち貯金も底をつくだろう。その後のことは考えていないし、考えたくもない。

一日がなんとなく過ぎる。料理をするのは面倒なので、インスタントの食品や缶詰ですませている。何日経ったのかは分からないが、ゴミ袋がいっぱいになると、ゴミを捨てに行くことにしていた。

ある日、見知らぬ女性から「今日は燃えないゴミの日ではありませんよ！　それに、ちゃんと分別してください！」と強い口調で言われた。分別はきちんとやっているつもりだ。知らない人間にいきなり高圧的な話をするこの手の女性は苦手だ。

それ以降、なんとなくゴミを捨てに行くのがいやになった。またあの女性に出くわして怒鳴られたりするのは面倒だ。

いつの間にか、男性の部屋にはゴミがあふれ、やがてバルコニーにまであふれるようになっていった。

マンションみらい価値研究所にて、管理員1700人を対象にアンケート調査を行った結果、認知症の方の対応をしたことがあると回答した管理員は27％に及んだ。どのようなことに困っているかを尋ねたところ、「指定日以外のゴミ出し」の対応に苦慮しているとの声が多かった。

認知症高齢者は、日時の感覚が失われやすいという。今日は何月何日何曜日か、それが分からなくなる。ゴミ出しは、各行政により、どのゴミを何曜日の何時までに出すのか、細かく決められている。そのため、認知症高齢者はゴミを出すのが苦手な人が多い。

さらに、管理員アンケートにて、指定日以外のゴミ出しがされたときに、どのような対応をしているかを尋ねたところ、多くの管理員が「注意する」と回答した。

認知症高齢者は、ゴミ出しを間違えたことを注意されると「また、失敗してしまうのではないか」とゴミを出すことが怖くなってしまい、部屋の中にゴミをためるようになりかねないという。いわゆるゴミ屋敷になってしまう可能性すらある。

これを解決した好事例を紹介しよう。

ある管理員は「声がけ」をするようにしている。朝、玄関前から「おばあちゃん、今日は○○ゴミの日ですよ、もう出しましたか、出していいですよ」と声をかける。「今日は出してはダメですよ！」ではなく、「今日は出していいですよ」への転換である。

こうした発想の転換が認知症高齢者への支援には大切になる。もっとも戸数の多いマンションでは、管理員だけではとてもこうした細かい対応はできない。例えば近隣の居住者など、周囲の支援も必要になってくる。

認知症高齢者の症状は実にさまざまであることがお分かりいただけただろう。これからのマンションが取るべき選択肢は「認知症高齢者とともに暮らす」その一択しかない。認知症高齢者とともに暮らすことのできるマンションだけが、資産価値を維持できると言ってもいい。

第4章
孤立死の発生が止まらない

「孤立死」と「孤独死」は意味が違うと言われている。孤独死とは、たまたま死んだときにひとりであった死を指す。近所に友人がいて、親族がたまに様子を見に来たりする、スーパーや病院などでも気にかけてくれる人がいる、そういう人がひとり部屋で亡くなった場合が孤独死だ。

一方、孤立死とは、誰もその存在を気にかけてくれる人がおらず、社会的に孤立した状態での死を指す。誰にも気が付かれずに死を迎え、腐敗したご遺体となり、やがて異変に気が付いた周囲の人に発見される。

孤立死はなんと悲しい状況ではないか。その人の人生の中で輝いていた時代はあったはずだ。多くの人に囲まれて幸せだったときもあったはずだ。しかし、もはや故人の死を悼む人は誰もいなくなっているのだ。

孤立死の事例は近年増加し続けている。無縁社会とも言われる環境の変化はマンションにも確実に影響を与えている。

隣の家の孤立死

ことの発端は2か月ほど前のことだ。ひとり暮らしのある男性が、仕事に出かけるために廊下を歩いているとどこからか異臭がしてきた。廊下に面した隣家の換気口から漂っているようだ。隣に誰が住んでいるのかは知らないし、会ったこともないがこんな臭いをたてられたのではたまらない。

男性は、管理会社に「とんでもなく臭い、なんとかしてくれ」と電話をかけた。すぐに確認すると言う。

その日、仕事を終えて帰宅すると、隣の家に、いかにも警察関係者と思われる数人があわただしく出入りしていた。ただならぬ雰囲気に、直観的にきっと誰かが死んだのだろうと思った。

通り過ぎようとする警察関係者に「お隣の方は亡くなられたんですか」と聞くと、ちらと振り返って小さく頷いた。

あの臭いは人間の腐った臭いだったのか！　自分は何日も死体の隣に寝ていたということか。なんて気味の悪い。背筋がぞっとする。急に家の中に入るのがいやになった。こんな家に住んでいたくない。それにしても誰も気が付かないなんてどういうことだろう。親戚や友人はいないのか。

ふと、自分自身を振り返る。今は仕事をしているから、出社しなければ職場の人が気が付いてくれるだろう。退職していたらどうか。親戚とも疎遠になっているし、会社の同僚以外に友人と呼べる人もいない。退職したら隣人と同じ道をたどるのか。ふと不安になる。


孤立死の問題は二段階に分けて考える必要がある。はじめに、孤立死にならない環境を作ること、次に孤立死が発生した場合、早く発見できるようにすることである。

孤立死にならない環境をつくることは、コミュニティの希薄なマンションの中ではなかなか難しい。集会室などで高齢者向けのカフェを運営したり、居住者同士で安否確認をするといった先進事例が紹介されてはいるものの、全部のマンションでそのような取り組みをすることは不可能だろう。

しかし、早く発見することはできる。マンションみらい価値研究所でアンケート調査をしたところ、孤立死が発生した場合に、「最初に居住者の異常に気が付いた人は誰か」

という設問の回答で最も多いのは管理員であった。郵便受けにチラシがたまっている、廊下に宅配物が放置されている、長いこと姿を見かけない、そうしたことが孤立死の発見につながっている。

また、管理員の他、宅配弁当会社、新聞配達員、ガス会社のメーター検針員が気付くこともある。宅配弁当会社は配達した弁当が食べられていない、新聞配達員は配達した新聞がたまっている、ガス会社はガスのメーターが動いていないなど、それぞれの業務を行う上で「何かおかしい」と気付いたのではないかと思われる。

ただし、たとえ「何かおかしい」と思っても、関わり合いたくないと思えば無視することもできたはずである。それをせず、その異変の情報を関係者につないでいる。今、いろいろな業種で高齢化社会に向けて何ができるのかを検討しようという機運が生まれてきている。あちこちで、世の中全体で高齢者を見守ろうとする人が増えている。マンションの居住者にもこうした機運を高めていくことが、これからのマンションに必要となる。

タダでも売れないマンション

亡くなった両親が住んでいたマンションを相続した男性は、困っていた。父親が昨年亡くなり、その後を追うように母親が亡くなった。しかも、母親が亡くなったときは誰も気が付かず、数週間が経過していた。警察から遺体が発見されたとの電話があったとき、母の遺体は腐敗しており、特殊清掃が必要な状態になっていた。

母には申し訳ないことをしたとは思っている。男性はひとりっ子であり、母は愛情を注いで育ててくれた。このマンションは自分が相続することになるだろう。

しかし、申し訳ないという感情と財産問題は別の次元の話である。男性はこんなマンションはほしくないと思っていた。彼は都心部に自分のマンションを所有している。妻は母の死の状況を気味悪がって相談にも乗ってくれない。

そこで、勤務先で取引のある不動産会社に事情を説明し、相談に乗ってもらうことにした。不動産会社は少しの遠慮もすることなく厳しい評価をする。

「駅から遠く、築年数も経過しています。さらに事故物件という扱いになりますね」

「貸すとしたら家賃は〇万円、内装工事をして売却するにしても、数百万円になればいい方、売れるかどうかも分からないですよ」と言われた。

他に方法はないものか。男性はインターネットで検索した。

そして「相続放棄」という方法があることを知った。

「これしかない、こんなマンションを所有していても、無駄に管理費や積立金を払うだけだ。一日も早く相続放棄の手続きをしよう」

それから3か月経過した。

相続放棄されたこの部屋の管理費と積立金は誰からも支払われていない。


マンションでは、同じマンションを所有している人の相続問題に突然巻き込まれることがある。

ある人が死亡したとしよう。子供がいれば、子供がマンションを含む財産を相続する。この「財産」というのが問題で、現金預金や不動産の他、借金などの「負の財産」も相続されてしまうのである。

では、子供は親の借金を必ず相続しなければならないかというとそうではない。「相続放棄」という制度がある。つまり子供が「財産なんかいらない！」と言って手続きすれば、マンションも相続しないですむ。この相続放棄を相続人全員が手続きしたらどうなるか。所有者がいなくなってしまう、つまり、管理費の支払い義務がある人がいなくなってしまうのだ。困るのは管理組合である。

こうした所有者不在の部屋が増加すると、最悪の場合は、管理費や積立金が不足して、必要な管理や修繕ができなくなってしまう。

相続人全員から相続放棄された場合、その後の手続きは、司法書士や弁護士などの「士業」の先生方に相談するのが一般的だ。

手続きの流れを紹介しよう。最初に、相続人が本当に誰もいないのかを確認する。これが相続人調査である。この結果、本当に誰もいないことが確定したら、裁判所に清算人選任の申し立てをする。清算人が選任された後にマンションを売却することになる。売却が成立すれば、購入した人がそれまでに滞納していた管理費等を支払う。ここで管理費を回収できるというわけだ。

しかし、多額の滞納管理費があるマンションをそのまま購入する人はいない。滞納分の管理費は売買価格に反映され、その分を差し引いた金額で売却しなければならないことになる。購入者からすれば、マンションの価格+管理費等の滞納額＝購入価格になる。

管理費等の滞納額がマンション価格を上回れば、ゼロ円でも売れないマンションになってしまう。

「ゼロ円でも売れないマンション」の存在は郊外や地方などの不動産価格が低い地域では、そう珍しくない。売却できなければ管理費は回収できない。ここまでいくと、管理費等の全額の回収はほぼ諦めなければならなくなる。他の住民がその費用をかぶることになるのだ。

「私は管理費をきちんと払っているから関係ない」と思っていても、マンション内で起きた別の部屋の相続にいつの間にか影響を受けることもあるのだ。

それでも、こうした問題が発生していることはあまり知られていない。問題が表面化しないことには、別の理由がある。

マンションの理事会では特殊清掃がされたり、相続放棄があったりするとどのように対応していくかを検討している。ところが詳細な内容はほとんど引き継がれない。負の情報は、他の居住者には知らせないままにしておいた方がいい、という心理が働いているのだと思われる。

確かに「負」の情報が広がれば、中古マンションとしての価格が下がるかもしれない。

さまざまな不安が孤立死を隠し、解決方法のノウハウが蓄積されない要因となっている。

お買い得？　事故物件

不動産会社のAさんは部屋の中で自殺した方の遺族からその部屋の売却を依頼された。自殺した本人は衝動的な自殺だったのか、家の中は生活していたときの状況そのままであった。キッチンには洗い物があり、リビングのソファには脱ぎ捨てた衣類があり、まるで誰かがまだそこに生活しているようであった。売却の依頼をした遺族は、遠縁であるからか、マンションを見に来ることもなかった。当然、家財道具を片付けたり、処分したりすることもない。「家財道具の処分も含めて、全部そのまま売却したい」とのこと。市場価格よりかなり割安での売却依頼であった。

Aさんは早速、売却に向けた営業活動を開始した。割安なせいもあり、購入を検討したいという人からの反響はそこそこある。

しかし、そのマンションは誰を案内しても「ここに住んでいる方はどうしたのですか」と聞かれてしまう。

月日が過ぎると室内には一種異様な雰囲気が漂うようになり、それから相当な期間が経過しても、購入したいという人は現れなかった。

依頼主にこのままでは売却は厳しいことを伝えたものの「自分がこれ以上、何かしなくてはならないなら売却を諦めます」と断られてしまった。

その後も同じ状況が続き、とうとうＡさんは売却活動を諦めた。

買い手の付かないこのマンションは、こうした不動産を専門に扱うプロの不動産会社が爆安で購入することとなった。

日本人には、家に人の魂が宿ると考えている人が多い。そのせいか、前に住んでいた人が亡くなっているのか、生きているならどんな理由で引っ越したのかを気にする人がいる。住んでいた人が亡くなったマンションはそうしたスピリチュアルな世界観が影響するのか、次の買い手が見つかりにくい。

ここで、非常に少数ではあるが、反対の事例も紹介しておこう。事故物件を積極的に購入している人もいた。私が担当した方は、医療従事者であった。毎日、人の生死に関わる仕事をしているせいなのか、誰がどのようにその家で亡くなったのかは一向に気にしていない様子であった。「人間はいつか死ぬんだし、何が気になるのかさっぱり分からない」と言っていた。

従来、事故物件には明確な定義がなかったが、2020年に国土交通省から「宅地建物取引業者による人の死の告知に関するガイドライン」が示された。このガイドラインは不動産会社が仲介するに当たり、どこまで調査するべきなのか、どこまで告知すべきなのかを示したものである。マンションを売却しようとする人にとっても、このガイドラインの考え方が参考になるだろう。

なお、ガイドラインに登場する「特殊清掃」とは、ご遺体が腐敗し、体液などにより汚損された部屋を清掃することを指す。部屋内がゴミ屋敷と化している場合もある。ガスマスクのようなものを被り、ビニール製の服を着て部屋に入り、消毒液を散布し、汚物を処理する清掃を想像してもらえれば、どういう状況か分かるだろう。この清掃を実施してくれる清掃会社は少なく、料金も通常の清掃よりも高額になる。特殊な状況下での清掃であるのだからそれも当然だろう。

ガイドラインの原文は非常に分かりにくいので簡単に解説しよう。

①マンションを売買しようとする場合

ア　自然死のときは買主に告げる必要がない

イ　特殊清掃が必要な孤立死が発生した場合には、期限なくその事実は買主に告げる必要がある

ウ　専有部分以外の隣接住戸や通常利用しない共用部分においては、特殊清掃がされていれば、買主に告げる必要はない

②マンションを賃貸しようとする場合

・孤立死が発生しても3年が経過すれば借主に告げる必要はない

語尾に着目してみよう。告げる必要があるとされているのは①イのときだけである。つまり、孤立死が発生して特殊清掃が行われた部屋を売るときのみが無期限に事故物件として扱われることになるのである。ひとたび孤立死が発生すれば、遺族にとってその経済的損失は大変大きいものとなる。

私は、さまざまな団体から、高齢化をテーマにした講演の依頼を受けることがある。

こうした場面で、孤立死に伴う異臭や特殊清掃の話をすると、気持ち悪い、気味が悪いと言う人も多い。露骨に顔をしかめる人もいる。

気持ち悪いと思う前に、その方の人生に少しだけ想いを馳せ、少しでも早く、人間としての尊厳が保たれているうちに発見してあげようではないか。早期発見につながる情報を持っているのは、あなたかもしれない。

第5章

建物の老朽化が止まらない

私が社会人になった当時はバブル経済真っ只中であった。マンションは飛ぶように売れ、人気のある部屋は抽選倍率が何倍にもなっていた。販売の場に立ち会うこともあったが、落選した購入希望者が家族で号泣しているというシーンに遭遇することもあった。あの当時、誰もがバブル景気が続くことを信じて疑わなかった。私もマンションは永遠に値上がりし、売れ続けると思っていた。

バブルが崩壊して30年超。すでにバブル経済の夢跡は思い出されることもなくなった業界もある。この当時から働く社員が「バブルの頃はよかったな」などと発言すると、バブル経済期を知らない世代から疎んじられるという。

しかし、マンション管理の世界の事情は少し異なる。建物はひとたび建築されれば、数十年から建物によっては100年存続する。過去の歴史を背負う建物は多く、今もなお、随所にバブル経済の亡霊が見え隠れする。

典型的な亡霊の例が、積立金が不足し、修繕のできないマンションの存在だ。なぜそうなってしまったのか。それには、最初にマンションを購入した人の思惑が理解できると分かりやすい。

・このマンションには長いこと住むつもりはない。年収が上がれば、売却してしまおう
・売却すれば、自分より若い世代が購入するだろう
・若い世代は、年収は将来にわたり右肩上がりで増加する
・マンションは、こうしてどんどん若い世代に入れ替わっていく
・建物が古くなっても修繕に必要な費用は次の世代が背負ってくれる

今となっては「風が吹けば桶屋が儲かる」という話のようにも聞こえるが、あの当時は真面目にそう信じられていた。こうした世代交代を前提としていたのだから、当初の所有者は将来の修繕費用など関心すらなかったというのもうなずける。

ところが、バブル崩壊とともにマンション価格は下落し、自分自身の年収も上がらない。このまま、マンションに住み続けるという選択をせざるを得なくなってしまう。

さらに年数が経過して、年金生活者ともなれば、もっと支出は減らしたいだろう。そのために、積立金の値上げには反対する、お金のかかる修繕には反対する、という逆の思考サイクルが回転し出す。

修繕ができないマンションの存在にはそうした時代背景がある。

よく「建物が老朽化することは、最初から分かっていることなのに、なぜ、今になっ

て問題になるのか、もっと前から手を打つことはできなかったのか」という質問を受ける。昔から今のように、マンションを終の棲家として考える人が多ければ、それはおっしゃる通りだ。今のマンションからは、あてにしていた次世代の支える人がいなくなってしまったのだ。日本の年金制度の構図に似ているようでもある。

長期修繕計画は絵に描いた餅？

男性は、中古マンションを購入することを決めた。仕事が忙しいので、売買契約はできるだけ手短にお願いしたいと不動産会社に依頼した。

不動産会社から、3月10日、13時から重要事項説明、14時から売買契約を締結するので、2時間程度で終了するという話があった。それくらいならなんとかできる。

契約当日、男性はぼんやりと重要事項説明を聞いていた。紙に書いてあることを延々と朗読している。何かの儀式のようだ。しかし、これは法律で決められていて、全部読み上げなければならないというのだから仕方がない。説明が後半になって、管理に関する説明に移る。

すると、今までの朗読が突然中断された。

「後で、こちらの書類を確認しておいてください」

目の前に書類をどさっと置かれた。管理規約や長期修繕計画というタイトルが付いている。長期修繕計画は一見したところ、ただの数字の羅列であり、何が書いてあるのかよく分からない。

「この表は説明してもらえないのですか」

不動産会社からは「長期修繕計画があるのだから安心ですよ」との返事がある。答えになっていない。

本当に、長期修繕計画があれば大丈夫なのか、積立金は足りているのだろうか、買った後に大幅な値上げがあるとか、お金がなくて修繕できないなんていうことになると困る。不安が頭をよぎる。

「それでは、売買契約書にご捺印ください」

売買契約書が広げられる。もう待ってくれとも言えないし、断ることもできない。

男性は逃げようのない雰囲気にのまれたまま、実印を取り出した。

長期修繕計画を見たことがあるだろうか。将来の20XX年にどんな工事をいくらで実施するのかを一覧表にしたものである。長期修繕計画は、国土交通省がその作成方法をガイドラインとして示している。多くのマンションはこのガイドラインに沿って作成している。

さらに、この長期修繕計画に基づいて、いくら積立金を積み立てていけばよいかを計算して表にしたものが、積立金計画だ。長期修繕計画と積立金計画を合わせて、長期修繕計画と呼ぶ場合もある。

マンションが適切に修繕されるには、長期修繕計画が必要であることは間違いない。ただし、長期修繕計画はあっても、適正な工事費用、周期、金額が反映されていないと絵に描いた餅になる。また、せっかく計画を立てても、それに見合う積立金を集めなければ、これもまた絵に描いた餅になる。世の中には、「餅の絵が描かれている長期修繕計画」が実に多い。

実際に40年経過したマンションの工事費用と長期修繕計画の工事費用を比較してみると、計画と実績が一致するマンションは皆無だと言っていい。たいていの場合は、実際の工事費用の方が多い。長期修繕計画には、現状回復工事、つまりもとの姿に戻す工事費用は含まれているが、新しい機能を加える工事費用は含まれていない。また、消費税の増税や、人件費の高騰など予測できない費用は後から追加しない限り含まれていない。すべての費用を賄おうとすれば、積立金を値上げせざるを得ない。多くのマンションでは、積立金を値上げしたくないがために、最低限ギリギリの計画にしようとする。そして実績がオーバーしてしまう。

オーバーしても支払うことのできるマンションはよいが、払えないマンションもある。この払えないマンションが今、社会問題になっている。修繕されないマンションは、外壁の落下や耐震性不足などのことがあれば、居住者だけでなく、地域の環境にも悪影響を及ぼす。マンション問題が社会全体の問題になっていると言われるゆえんである。

長期修繕計画が絵に描いた餅になってしまう要因は、長期修繕計画に対するいくつかの誤解があるためだ。

＊30年間変わらないという誤解

長期修繕計画は、おおむね30年の期間で作成する。新築マンションとして販売された

2033	2034	2035	2036	2037	2038	2039	2040	2041	2042	2043	2044	2045	2046	2047	2048	2049	2050	2051	2052	小計
45 期	46 期	47 期	48 期	49 期	50 期	51 期	52 期	53 期	54 期	55 期	56 期	57 期	58 期	59 期	60 期	61 期	62 期	63 期	64 期	
							28,200												28,200	84,600
							11,700												11,700	35,100
							7,100												7,100	21,300
							3,400												3,400	10,200
							6,000												6,000	18,000
							4,100												4,100	12,900
							2,700												2,700	8,100
							300												300	900
							1,100												1,100	3,900
							6,700												6,700	20,100
							2,100												2,100	6,300
							1,700												1,700	5,100
							2,900												2,900	8,700
	8,220						4,200						8,220						4,200	30,660
																				1,620
	2,500						2,300						2,500						2,300	11,900
	5,720						1,900						5,720						1,900	17,140
		770					57,160													57,930
							36,100													36,100
							9,430													9,430
							10,960													10,960
							670													670
		770																		770
																				0
																				0
							900													1,800
							900													1,800
							3,100												3,100	11,100
							800												800	2,400
							2,300												2,300	6,900
																				1,800
							2,700												2,700	8,100
							2,700												2,700	8,100
				1,100								15,340								20,730
												7,150								7,150
												3,300								3,300
				1,100																1,100
												4,290								8,580
												600								600
					690	390							700			990				3,060
																290				580
					200															200
					390															390
					100															100
						390														390
																400				400
													700							700
																300				300
														6,600						11,600
														5,000						10,000
														1,600						1,600
															16,000					16,000
															16,000					16,000
	210				670	690				670	690					210	670	480		5,880
					670												670			2,010
																				0
	210					210					210					210				1,260
										670										670
																				500
						480												480		960
											480									480
	8,430	770		1,100	1,360	1,080	107,060			670	690	15,340	8,920	6,600	16,000	1,200	670	480	49,000	284,460
0	843	77	0	110	136	108	10,706	0	0	67	69	1,534	892	660	1,600	120	67	48	4,900	28,446
0	9,273	847	0	1,210	1,496	1,188	117,766	0	0	737	759	16,874	9,812	7,260	17,600	1,320	737	528	53,900	312,906
71,599	80,872	81,719	81,719	82,929	84,425	85,613	203,379	203,379	203,379	204,116	204,875	221,749	231,561	238,821	256,421	257,741	258,478	259,006	312,906	

長期修繕計画イメージ

推定修繕工事項目			修繕	暦年	2023	2024	2025	2026	2027	2028	2029	2030	2031	2032
			周期	経年	35期	36期	37期	38期	39期	40期	41期	42期	43期	44期
I	1 外壁等									28,200				
建築	仮設	直接仮設、共通仮設	12年							11,700				
	下地補修	高圧水洗浄、ひび割れ補修他	12年							7,100				
	外壁塗装	外壁、手摺、軒天塗装	12年							3,400				
	シーリング防水	シーリング打替他	12年							6,000				
	2 屋根									4,700				
	屋上防水	ウレタン塗膜防水他　密着工法	12年							2,700				
	庇等防水	ウレタン塗膜防水他　密着工法	12年							300				
	傾斜屋根修繕	アスファルトシングル　カバー工法／撤去新設	12年							1,700				
	3 床									6,700				
	バルコニー修繕	ウレタン塗膜防水他　密着工法	12年							2,100				
	共用廊下修繕	長尺シート　撤去新設	12年							1,700				
	塔屋階段修繕	長尺シート　撤去新設／ウレタン塗膜防水他　密着工法	12年／12年							2,900				
	4 鉄部等				1,620					4,200				
	各種鉄部塗装	補修			1,620									
	各種鉄部塗装	3種ケレン、錆止、ウレタン2回塗他　大規模時／単独時	6年							2,300				
	鉄骨階段塗装（屋外）	3種ケレン、錆止、ウレタン2回塗他　大規模時／単独時	6年							1,900				
	5 建具・金物													
	建具修繕	玄関扉／アルミ建具	36年／36年											
	手摺修繕	撤去新設	36年											
	アルミトップレール修繕	撤去新設	36年											
	アルミルーバー修繕	撤去新設	36年											
	その他金物修繕	集合郵便受交換	24年											
	6 共用部内装等													
	管理事務室・集会室修繕	クロス等貼替え												
	7 外構									900				
	駐輪設備修繕	駐輪場屋根交換								900				
	8 その他				300	300	300	300	300	3,400				
	その他工事	竣工クリーニング他	12年							800				
	予備費	追加工事予備費他	12年							2,300				
	修繕予備費	修繕予備費（～40期まで）			300	300	300	300	300	300				
	9 工事監理									2,700				
	大規模修繕									2,700				
II	10 給水設備										4,290			
	給水管（共用竪管）	更新	32年											
	給水管（量水器まわり）	更新	32年											
	給水ポンプ（増圧）	補修／ユニット交換	8年											
	給水ポンプ（増圧）	補修／ユニット交換	16年								4,290			
	工事監理	給水管修繕												
	11 電気設備						290							
	照明器具	既存同等品交換（エントランス等14台）	24年				290							
	照明器具	LED照明交換（西側駐輪場4台）	24年											
	照明器具	LED照明交換（各階1～3号前18台）	24年											
	照明器具	LED照明交換（1階集会室前2台）	24年											
	照明器具	LED照明交換（各階4号室前等31台）	24年											
	配電盤	開閉器盤内機器交換	30年											
	配電盤	共用電灯盤交換	30年											
	配電盤	警報盤交換	30年											
	12 消防・避難設備													5,000
	インターホン設備	交換	15年											5,000
	自動火災報知設備	受信機、発信機等交換	30年											
	13 昇降機設備													
	エレベーター設備	再リニューアル	30年											
III	14 その他					210		1,170			210			
その他	建物診断	建物診断、改修設計						670						
	電気設備診断	電気設備劣化簡易調査												
	電気設備診断	幹線設備避雷針設備診断		5年		210					210			
	給水管調査診断	給水管劣化調査												
	アスベスト含有調査	検体採取、分析						500						
	施工会社選定補助業務	大規模修繕												
	施工会社選定補助業務	給水管修繕												
小　計					1,920	510	590	1,470	300	50,800	4,500			5,000
消費税					192	51	59	147	30	5,080	450	0	0	500
推定修繕工事費　年度合計					2,112	561	649	1,617	330	55,880	4,950	0	0	5,500
推定修繕工事費　累計					2,112	2,673	3,322	4,939	5,269	61,149	66,099	66,099	66,099	71,599

ときに作成されたものが30年間ずっと使われ続けると思っている人がいる。確かに「30年計画」と書いてあるので、最初に決めた30年の計画がそのまま続くように思うのかもしれない。

しかし、長期修繕計画は5年ごとに見直し、常に次の30年を見据えた計画に更新する必要がある。

例えば、5年後には、6年目~35年目までの計画を立てる。10年後は11年目~40年目までの計画を立てる。どんどん塗り替わっていくのだ。

マンションの修繕工事で最も大掛かりな工事が大規模修繕工事と言われる工事である。防水工事や外壁補修など、足場をかけないと実施できないような工事を行う。街中で、垂れ幕のようなもので建物を覆い、工事をしているのを見かけたことがあるだろう。あの工事だ。長期修繕計画では、おおむね15年程度の間隔で計画されている。

新築から15年を経過して、実際に大規模修繕工事を実施するときに、新築時の長期修繕計画の工事金額と異なると「マンション販売時の説明と違う、そんな話は聞いていない!」とか、ましてや積立金を値上げする必要が出てくると「だまされた、その差額は分譲会社に負わせるべきだ!」という話が飛び出すことがある。

しかし、新築時の長期修繕計画は、その金額通りにお金がかかりますよということを分譲会社が約束したものではない。さらに、５年後の見直しのときには、すでにその役割を終えている。

長期修繕計画は、マンションの所有者で定期的に見直しながら修正を加えていくものなのだ。

＊長期修繕計画は見積書のカタマリだという誤解

長期修繕計画の工事金額を見直すときは、建設会社やメーカーから見積書を取っていると思い込んでいる人がいる。長期修繕計画を検討しようとすると、次のような質問が飛び出す。

「何社から相見積もりを取ったのか。減額交渉はゴリゴリやってくれたのか」

「２０ＸＸ年の工事費が高いのではないか。見積明細書を開示してほしい」などである。

しかし、原則としてそんなことはしないのだ。こうした質問をする人の心理としては、見積書を提出した工事会社と減額交渉をして工事金額が下がれば必要な積立金も下げられる。つまり、自分のお財布から出ていくお金が少なくてすむ、そうした計算があるのだろう。工事金額の根拠について質問攻めにする人は実に多い。

何十年も先の工事の見積書を取って、その工事費用の減額交渉をすることなどナンセンスだ。そんな先の見積書を出してほしいと言われる工事会社も迷惑だろう。その頃になれば景気や物価も変動しているだろうし、新しい工法が開発されているかもしれない。今から先の工事費用など分からない。長期修繕計画に記載されている工事金額は「めやす」としてとらえよう。減額交渉は実際に工事をする段階でいくらでもできる。

積立金が高いマンションは資産価値が低い？

夫婦はマンションを売却しようと思って不動産会社に査定を依頼した。南向きで日当たりもいい、きれいに使っているつもりだし、自分でも雑誌に出てくるような部屋だと思っている。

しかし、不動産会社からの提示額は不本意なものだった。

「このマンションは周辺のマンションと比較して積立金の金額が高いですね。これでは、購入しようとする人が引いてしまいます。なんとかなりませんか」

そう言われたところで、積立金の金額は自分では決められない。

「いや、待てよ。積立金が高くて売れないのだとしたら、ウチだけの問題じゃないはずだ。これはマンション全体の資産価値に関わる重大な問題だ」

早速、夫婦は理事会に値下げを提案する。

理事会でもマンションが売れにくいのは重大な問題と考えたようで、総会を開催して、積立金の値下げを審議することになった。

「マンションの資産価値向上のために、積立金の値下げをしたいと思います。来月から平均1万円値下げします。賛成の人は挙手してください」

一斉に手が上がる。誰も反対する者はなく、積立金は値下げされた。誰ひとり、修繕ができなくなることを不安視する人はいなかった。そして、言い出しっぺの夫婦は無事にマンションを売却し、意気揚々とマンションを出ていった。

積立金が安い方が売りやすいのはなぜか。マンションを購入する人のほとんどは、住宅ローンを組む。毎月の返済は、住宅ローン返済額＋管理費＋積立金＋駐車場使用料となる。

サラリーマンであれば返済できる金額はほぼ決まっている。つまり、積立金が高ければ、住宅ローンの返済額は少なくしなければならない。そのためには、安いマンションを買うしかない。積立金が安ければ、その分、住宅ローンの返済額を増やすことができ、高いマンションが購入できる。積立金をコストととらえると、積立金は安い方がいいという結論になる。

ほとんどのマンションは年数が経過すると多額の修繕費用を賄うために、積立金を値上げしなければならなくなる。これは、マンション管理を知っている人なら当たり前の話である。しかし、マンションを購入する人は積立金は値上がりするものなのだということを知らないことがある。

住宅ローンの返済で余裕のない生活をしている人は積立金の値上げに反対するだろう。しかし、積立金が不足して、修繕できないなどの事態に陥れば、資産価値は低下してしまう。ボロボロのマンションを高く買う人はいない。積立金が安い方が資産価値は高いとは言い切れないのである。

なお、積立金の考え方には段階増額方式と均等方式の2通りがある。新築マンションとして分譲するときに、分譲会社がどちらかを選択している。段階増額方式が選択されていることが圧倒的に多いが、国は均等方式を推奨している。なお、途中で変更することもできる。

①段階増額方式

築年数が経過するごとに、段階的に積立金を値上げする方式である。

・新築分譲時の積立金計画例

1年目…………8000円
5年目…………9600円
10年目………1万1520円
15年目………1万3830円
20年目………1万6600円
…
30年目………2万3900円

新築当時が一番安く設定できるため、多くの分譲会社がこれを採用している。バブル期の頃は、マンションは次世代が引き継いでくれると思われていた。だから築年数が経過して積立金が高くなることに誰も疑問を持たなかった。また、大規模修繕工事を実施するとマンションはいったんきれいになる。その恩恵を受けるのは築年数が経過してからだ。「受益者負担」という考え方をすると、合理的な考え方である。

しかし、今となっては、マンションに世代交代は起きず、所有者が高齢化し、年金生活者が増加するとともに積立金が値上げできないマンションが増加している。段階増額方式は時代の流れにそぐわなくなってきている。

②均等方式

ある一定の期間（30年程度）は、積立金を一定の額とする方式である。

・新築分譲時の積立金計画例

1年目……1万6000円
5年目……1万6000円
10年目……1万6000円
15年目……1万6000円
…

30年目……1万6000円

一見すると、なんの問題もない方式に見えるだろう。これなら築年数が経過しても積立金は値上げしないですむ。老後の計画も立てやすいだろう。だからこそ、国も推奨しているわけだ。しかし、この方式にも落とし穴がある。

マンションは築年数を追うごとに必要な修繕費用が大きくなる。1年目の計画では、30年目までの修繕費用を考えればよいが、5年目には35年目、10年目には40年目までの修繕費用を見込む必要がある。多くの費用を見込むのであるから、必要な積立金も多くなる。つまり、当初1万6000円の均等方式であっても、見直しの結果、次のようなことが起きる可能性があるのだ。

・10年目の積立金計画例

10年目……1万6500円
15年目……1万6500円
20年目……1万6500円
…
40年目……1万6500円

「均等方式だったはずなのに、10年目で値上げになるなんて」と言われそうだ。均等方式は、「値上げにならない方式」ではなく「今後30年間でマンションが終わるとしたときの積立金計画」なのである。期間の考え方が変われば、値上げになる可能性は十分にある。均等方式を検討する場合、「値上げになりません」という説明はご法度だ。ただし、理論上は段階増額方式よりも値上げ幅は少額になるため、積立金計画を見直すときは、均等方式を検討するのがよいだろう。

いつか誰かが建替えてくれるという都市伝説

駅ナカのコンビニの前に雑誌がずらりと並んでいた。タイトルを見ると「マンション崩壊～日本が廃墟となる日～」という衝撃的な文字が躍る。なんとなく買ってみる。記事によると、今、建替えが成功している事例は、都心部のいわゆる高級住宅街で、価格が爆上がりしている人気エリアであるとか、もとの建物以上の大きさで新しい建物の建築ができるとか、そういう特別な条件を満たしたマンションだけであるそうだ。では、うちのマンションはどうなるんだろう。

都心から快速電車で60分、商店街は駅前だけであるし、高級住宅街にはほど遠い。バブル末期に建築された小規模マンションである。今の建替え成功事例の条件には遠く及ばない。

翌週に理事会が開催された。いつもの話し合いがひと通り終了した後でちょっと話を振ってみる。

「うちのマンションは建替えられるでしょうか」

「まだ何十年も先の話でしょう？　そのときになって考えればいいのではないですか」

「このマンションを分譲した○○不動産が、新築マンションを建てるために全部買い取ってくれるんじゃないですかね。販売のときに、こんなよいマンションは二度と出ないって言ってましたよ」

「私はもう80歳だから、その頃には死んでるでしょうね。皆さんのいいようにしてもらって構いませんよ」

いいようにって……そんな無責任な！

声に出せない心の声が叫ぶ。

理事会のメンバーのあまりのお気楽な発言に言葉が見つからず、駅ナカで購入した雑誌は、手の中でくるくると丸めたまま、持ち帰ることになった。

このマンションの所有者は、将来、誰かがどうにかしてくれると信じている。この雑誌に掲載されている一番あぶないパターンのど真ん中だ。

雑誌の記事を信用するなんて自分は心配性すぎるのだろうか。


建替え問題は複雑だ、という話は聞いたことがあるだろう。そのせいもあってか、多くの所有者は建替え問題に触れようとしない。触れないでいると、ますます分からなくなってしまう。ここではチェックリスト方式で解説してみよう。

あなたのマンション危険度チェックリスト

当てはまるものに○を付けてみよう。いくつ当てはまるだろうか。

□ 建替えをする頃は、自分は生きていないので関係ないと思う
□ このマンションは、いずれ建替えできると思う
□ 大手の分譲会社が分譲しているから、何かあっても安心だと思う

□今ある積立金でマンションを解体することはできると思う
□マンションが新しくなるのだから、建替えに反対する人はいないと思う
□建替え決議などでもめるようなことがあれば、売ってしまえばいいと思う

厳しいと思うかもしれないが、ひとつでもマルが付いたら危険判定だ。それぞれについてどこが危険なのか解説しよう。

□建替えをする頃は、自分は生きていないので関係ないと思う

日本は資本主義社会である。だから、不要になったからといってマンションの所有権を国に返すという制度はない。ほしいという人がいない限り、不要になっても誰ももらってくれる人はいない。あなたの住んでいる大切なマンションでも、あなたの死後、意思に反して、全員が相続放棄をすることだってあり得る。そうなると、相続人に代わって、顔も知らない人があなたが亡くなった後も、あなたのマンションが誰かの手に渡るまで関わり続ける必要が生じる。ずっと見知らぬ誰かに迷惑をかけ続けることになる。死んだ後のことを関係ないとは言えないだろう。

□このマンションは、いずれ建替えできると思う

建替えに成功しているマンションは、今までよりも大きいマンションに建替え、分譲会社がその大きくなった分を販売し建替え費用に充当する方式を採用している。これから建替え時期を迎えるマンションはそんな恵まれた条件にない。つまり全額自分たちで資金を負担しなければならない。

さらにマンションの建築には小規模な建物でも1年以上、大規模な建物なら数年はかかる。その間に仮住まいとしてどこかに転居し、家賃を払う必要がある。家賃の他、2回の引っ越し費用も必要になる。

今まで成功してきた建替え事例を見て、自分のマンションもなんとかなると思わない方がいい。例えば、マンションが築60年を迎えるとき、あなたは何歳だろうか。数千万円はかかるといわれる建替え費用と、仮住まいの費用をその年齢で負担できるだろうか。

□大手の分譲会社が分譲しているから、何かあっても安心だと思う

マンションを購入したとき、その所有権はあなたに移転している。つまり、もとの分譲会社との関係は切れている。よほどの好立地で好条件がそろっていない限り、建替え

時期を迎えた70年、80年も経過したマンションをもとの分譲会社が面倒を見てくれることはない。

□今ある積立金でマンションを解体することはできると思う

積立金は、その名の通り修繕するために必要な資金を積み立てているものだ。解体や建替えに必要な費用は見込んでいない。もちろん、積立金に余裕があれば、それを解体費用に充当することはできる。しかし、それほどの余力のあるマンションはほとんどないと思った方がよいだろう。つまり、解体費用は捻出できないと考えた方がいい。

□マンションが新しくなるのだから、建替えに反対する人はいないと思う

新築マンションに住み替えることができるのに、反対する人がいるなんて信じられない、という人もいる。建替えの時期、あなたは現役世代だろうか？　もし年金生活者となっているようなら、建替えに要する費用を支払うことができるだろうか。今は賛成者でも、将来あなたは反対者かもしれない。

□建替え決議などでもめるようなことがあれば、売ってしまえばいいと思う

建替え決議でもめているマンションを購入する人はいない。たとえ売れたとしても売却希望価格にはとうてい及ばないだろう。

マンションの将来計画は、八方ふさがりのようだが、打開策はある。

それは早期から話し合いを始めることだ。そうは言っても住民だけでは話は進まない。なぜなら、自分の財産の話は近所の人にはしないからだ。「私の預金は○○円で、他に株がいくら、年金はいくらもらっています」などという話はご近所同士ではしない。むしろ、近所の人にだけはしない話だと言ってもいいだろう。

話し合いを始めるには、専門家に相談することが必要だ。有資格者であれば、守秘義務もあるだろうし、適切なアドバイスも可能になる。建物が老朽化し、いよいよ建替えなければ生活ができないような状態になってから検討するのでは遅すぎる。早くから専門家を交えて「このマンションをどうするか」を考えることが、将来の資産価値維持につながるのだ。

第6章

マナーに関する問題

古くて新しいのがマナーに関する問題である。マンションは集合住宅であるから、自分だけでなく周囲に気を配る必要がある。誰もが当たり前だと思うことだが、トラブルはなくならない。

ゴミ置き場に関するトラブルを紹介しよう。

奥行きのあるゴミ置き場で、最初の人がゴミを奥から入れずに、ドアを開けてすぐのところに置いたとしよう。次にゴミを出す人は、最初に出した人より奥にわざわざゴミを運び入れることはなく、その手前に置く。次々にゴミが手前に置かれ、ゴミ置き場はすぐにいっぱいになる。とうとうドアは閉まらなくなり、ドアは開けっ放しのまま、どんどん外にあふれていく。しかし、ゴミ置き場の奥はがら空きなのである。

最初の人がちょっと歩いて、一番奥に置いてくれたら、その次の人もちょっと歩いてくれていたら、ゴミ置き場はあふれていない。しかし、一番最初にゴミを出した人は、自分の行動が原因でゴミ置き場があふれることになるとは思っていない。そして、最後の頃に出す人は「このマンションは、ゴミの出し方のマナーが悪い居住者が多い」と嘆くことになる。

マナー問題は、こうした本人が意識しない行動から起きることもある。自分の行動がどのような結果を招くのか、想像力をたくましくしておく必要がある。また、居住者の意識を高めていくために、注意喚起の掲示や、日常のコミュニケーションも大切になる。

ワタシ、ニホンゴ、ヨクワカラナイ

「バルコニーから強烈なニンニクの臭いがする」

管理会社の担当者であるAさんのところに、あるマンションの居住者からクレームの電話がかかってくるようになった。

どうやら、韓国の方がバルコニーでキムチを漬けているらしい。検索すると、韓国では家庭でも普通に屋外でキムチを漬けるのだそうだ。本人は臭いとは思っていないのだろう。

そこで、Aさんはご本人に電話し、屋内で漬けていただくようお願いした。しかし、「ワタシ、ニホンゴ、ヨクワカラナイ」との回答であった。言葉が通じないのではどうすることもできない。

その後、いつの間にかキムチ桶は、バルコニーから姿を消していた。
本当はあのとき、ちゃんと日本語は通じていたのではないか。どうやって返事をしたらいいか、その日本語がとっさに出てこなかっただけなのだろう、とAさんは思うことにした。

これに似た話は他にもある。北欧の国の特産品だと思われるが、日本の「くさや」のような臭いがする食品の空き缶がゴミ置き場に出されるようになった。缶詰には外国語の表示があり、容易に誰が搬出したゴミであるかは想像できた。空き缶が捨てられると強烈な臭いが漂う。ご本人に缶を洗ってから捨てるように伝えたが、このときも「ニホンゴ、ヨクワカラナイ」を連発された。しかし、別の日には、流暢な日本語で近所の方と話をするのを見かけた。

米国の方は、時折ホームパーティーを開催する。特に夏の間は、音楽をかけ、大人数で談笑し、バルコニーでバーベキューをしてしまう。この煙や人の声が騒音となってクレームになる。「静かにホームパーティーをする」ということは理解できないようだ。そもそも、静かにしていてはホームパーティーは成立しないのだろう。それでも、バルコニーで火を使うことは禁止されているから、注意しないわけにはいかない。

私が担当者だった頃、ちょうどこの対応をしたことがある。玄関から出てきた米国人は、こちらの日本語に対して逆切れしたようで、超早口の英語で何かをまくし立てていた。あまりに早口だったため、何を言っているのか、よく分からなかった。

外国人居住者との間のトラブルには、生活習慣の違いから来るものが多い。何かを伝えようにも言葉の壁がありうまく伝わらない。

一方で、マンションで開催されるクリスマス会などで、外国人居住者が母国のお菓子を紹介するなど積極的に関わりを持とうとしている事例もある。最近ではスマホでも簡単に翻訳できるようになっている。こうした機能を活用して意思疎通を図ることもできるだろう。

これから国際化が進めば、さらに外国人居住者は増加すると思われる。これを世界の生活習慣を知るよい勉強の機会ととらえてみてはどうだろう。

＊マンションの外国人アレルギーの始まりは民泊から

ひと頃、「違法民泊」が問題になった。住むためのマンションであるにもかかわらず、インターネット等で外国からの旅行者を募り、部屋をホテル代わりに利用させる一部の所有者が問題となった。

「旅の恥はかき捨て」というが、旅行者であるから、マナーを守らない人もそれなりに多い。ゴミの分別はめちゃくちゃ、大声で騒いだり、無断で駐車場に車を停めたりする。他の居住者を呼び止めて、家電製品の取り扱い説明を求めたりすることもあった。

この問題がさかんに報じられていた当時は、マンションに定住している外国人であっても、外国人であるというだけで民泊利用の旅行者と勘違いされた。

「あの部屋には外国人が出入りしている。民泊として利用しているに違いない。なんとかしてほしい」

そんな相談が相次いだ。もともと日本は国際的なお国柄ではないところに、民泊の問題が生じたことが、「外国人居住者アレルギー」とも言える状況を助長したように思う。

ある地方都市にあるマンションの話である。高齢化が進み、空室も目立つようになった。積立金もなく老朽化は進んでいるが適切な修繕もできない。近くには温泉街もあるが、そう繁栄しているわけでもなく、街ごと衰退していくのを待っているかのようだった。

そんなとき、このマンションでは、ルールを変更し「民泊利用可」とした。これが外国人にウケた。部屋の中には古い畳の部屋があり、近くには鄙びた温泉街がある。日本情緒満載だ。定番の観光地に飽きた外国人が訪れる人気スポットとなった。

そうして、マンションの所有者はその収益から積立金が払えるようになり、少しずつ、マンションの修繕も進むようになった。あれだけアレルギー反応を起こしていた民泊を導入して救われたマンションもあるのだ。

マナーの問題も考慮した上で、マンションの利用方法も発想の転換が必要なときがある。

＊外国人居住者は増え続ける

国際化は避けては通れない。「外国人お断り」を掲げるマンションがあれば、ＳＮＳなどで拡散され、国際問題に発展するだろう。いかに生活習慣の違いを理解し、マンションの国際化を図るのかもこれからのマンションの資産価値に影響を及ぼすだろう。

では、外国人居住者にマンションにはルールがあることをどうやって伝えていくのか。専門会社に通訳を依頼するとかなりのお金がかかる。

ただ、思い出してみよう。海外旅行に行くと、あやしい日本語の看板を見かけるではないか。どう考えても文法はおかしいが、まあ、意味は分かる。多少の間違いは許容範囲だ。それと同じことではないか。多少文法が間違っていても構わないので、きちんと意思を伝える努力をしてみよう。

さらに、最近は生成ＡＩなどの発達により、言葉の壁が低くなりつつある。こうした先端技術を活用して、コミュニケーションを取ることもできるだろう。

タバコの煙がバルコニーから立ちのぼる

中学生の自慢の息子はスポーツマンで、毎日大量の洗濯物が出る。息子の洗濯物を干していると、たくましく大きくなった息子の姿が思い起こされ、幸せな感覚に包まれる。

ある日、いつものようにバルコニーに洗濯物を干していると、うっすらとしたタバコの臭いがしてきた。

バルコニーから下階を覗き込んだが、どの家から上がってくる煙なのかは特定できなかった。しかし、これは確かにタバコの臭いだ。吐き気を覚える。

洗濯物にこの臭いが付いていたら息子も気持ち悪いだろう、そう思って大量の洗濯物をもう一度洗濯し直すことにした。物干しざおからもう一度洗濯物をかごの中に戻す。

毎日、ここでタバコを吸われたらどうしよう、洗濯物を干せなくなるではないか、そう思うとだんだん腹が立ってきた。


最近、マナー問題で急に増加しているのがタバコの煙問題である。愛煙家の多くが、男性サラリーマンであることを考えると、リモートワークが一般化するにつれ、愛煙家が自宅で仕事をするようになり、日中バルコニーでタバコを吸うようになったことが原因ではないかと推測している。実際に届いたクレームの内容は次のようなものがある。

事例１

管理員には何度か相談しましたが、マンションの下階もしくは隣のどちらかでタバコを吸っているようです。私の部屋のバルコニーに吸い殻をポイ捨てされることもあります。エレベーター等に貼り紙をして注意をしていただきましたが改善されません。バルコニーには洗濯物がありますので臭いが付いたり、火が移り火事になる可能性もあります。吸い殻は前回と今回のものは確保してあります。ポイ捨てした人を特定して対応をお願いします。

▼事例2

どこかの部屋からタバコの臭いが換気口を通して逆流してきます。解決をお願いします。

ルール違反をする人がいると、とかく犯人を特定し、その人に対して直接的な注意を促してほしいとする居住者は多い。事例1の居住者も、ポイ捨てされた吸い殻を保管しているというが、それを使用してDNA鑑定し、犯人を特定するなどという刑事ドラマのようなことはできないのだ。犯罪ではない限り、マンション内で起きたトラブルで警察は動いてくれたりはしない。

さらにタバコの煙も音の問題と同様に、どこから来るものなのか、特定することは難しい。推測で住戸を特定すると別のトラブルにつながりかねない。

バルコニーは、その住戸の居住者しか出入りできないため、部屋の中と同じように自由に使用してもよいと誤解している人が多いが、バルコニーは共用部分であり、マンションの使用細則で決めればタバコを吸うことを禁止することはできる。

まずは、使用細則でバルコニーやマンションの敷地内でタバコを吸うことを禁止してみよう。私の知る愛煙家の多くは、あらゆる建物で喫煙が禁止されていくのを諦めているようである。時代の趨勢として理解は得られるのではないか。

使用細則への追加には、総会で決議することが必要だ。案内文や議事録の送付、当日の総会への参加などを通して、所有者に周知することもできる。

ただし、いくら使用細則を作っても、それが守られなければ意味がない。正直なところ、どんなルールも一回告知したくらいでは浸透しない。ことあるごとにお知らせ文を掲示したり、投函したりするなど、居住者に呼びかける根気強い活動が必要だ。

あふれ返る不要自転車

駅までの距離があるので、男性は通勤に自転車を利用していた。ある朝、自転車に乗るとペダルが重い。違和感を覚えて自転車を降りる。よく見るとタイヤがぺったんこだ。すっかり空気が抜けてしまっている。

「ああ、これでは乗れない。どうしようかな」

空気入れは持っていないし、この自転車は量販店で購入したので、店舗に持っていったところで対応してくれるかどうかは分からない。第一、そんな時間はない。

それから何日間か、男性は駅まで徒歩で通勤した。健康診断でメタボ予備軍と診断されていたこともあり、ちょうどいい機会だ。朝のすがすがしさを感じるのも久しぶりだ。

数日を過ぎると、朝の徒歩が習慣になってきた。もう自転車には乗らなくてもいい。男性は自転車置場に行くこともなくなった。あのパンクした自転車はどうなっているのか、それを気にすることもなくなっていた。


自転車置場が不足しているマンションは多い。入り切れない自転車がエントランス横や植栽などのちょっとしたスペースに置かれ、歩行の障害になったり、ドミノ倒しのように転倒する事故が起きたりしている。自転車置場もまた、居住者のマナーが問われる場所となっている。自転車置場が乱雑なマンションは、居住者の意識も高くはないと言っていい。

では、自転車置場を整然と保つにはどうしたらよいだろうか。

①不要自転車の撤去

最初に、あふれた自転車を整理するために場所を確保する必要がある。まずは、自転車置場にある不要自転車を特定し、撤去しよう。

利用されていた自転車が、不要自転車と化す一番の原因は、引っ越しであると言われている。ある程度古くなった自転車は、転居先に持っていかずに、そのまま自転車置場に放置される。自転車は粗大ゴミとして扱われる自治体が多く、処分にお金がかかる。また、引っ越しの際に部屋の中のものは目に入るが、自転車のことは忘れてしまうということもあるのだろう。

次の原因は、タイヤの空気が抜けたことであると言われている。空気入れを持たない家庭も多く、使えないままに放置され、そのうちに忘れられてしまう。共用の空気入れを自転車置場に設置しただけで、不要自転車の数が減ったという事例もある。

あふれた不要自転車は管理組合で費用を負担して処分するしかない。ただし、安易に処分してしまうと、後から「海外赴任で数か月間留守にして使っていなかっただけだ。自転車代を弁償しろ」など、損害賠償責任を追及されることもあるので注意が必要だ。

一定の期間、不要自転車と思われるものを別の場所に移し、相当な期間、何回かの警告の後に処分するなどの慎重な対応をするべきだ。

②自転車置場使用料の値上げ

居住者の反対は多いが、自転車置場使用料の値上げも検討しよう。マンションの自転車置場は月額100円～300円程度であることが多い。それを月額500円～1000円くらいまで値上げする。ほとんど使用していない自転車なら、保有しているコストを考えて、手放す人も出てくる。

③共用自転車の導入

共用自転車の導入を検討しよう。例えば、居住者から廃棄する予定の不要自転車を管理組合に提供してもらえば購入費用はかからない。たまにしか利用しない居住者は、共用自転車を利用してもらい、自転車の台数を減らした例もある。

④自転車の種類ごとに置場を指定

自転車の種類ごとに置場を指定するなど、今あるスペースの有効活用を考える。子供を自転車に乗せる籠が付いた自転車は、ラック式自転車置場には入らない。電動アシスト自転車のうち、タイヤの太い機種も同様だ。こうした自転車は、平置き式の自転車置場に駐輪してもらうか、空きスペースなどに置くようにする。

まず先に置場の指定など、整理整頓を考えてしまいがちであるが、私の経験では、まずは一台でも減らすことを最優先に考えたマンションの方が成功事例が多いように思う。

勝ちグセをつける

男性は学生の頃から、優等生だった。常に１００点を目指して勉強していた。ときどき、別の生徒が自分よりよい点数を取ると、悔しくてたまらなかった。だからもっと勉強した。

エリート進学校に入学し、難関大学から一流企業と言われる会社に就職した。今も、同期入社の社員には負けたくないと思って必死で働いている。業務に必要な資格も一年目で取得した。試験に落ちた経験は今までの人生で一度もない。

唯一、ちょっと後悔しているのは、このマンションを購入したことだ。自分なりの経済理論によれば、この辺りも人口の流入が始まって、マンション価格が高騰するのではないかと考えた。

あれから10年経過するが、いまだにそんな気配はない。でも、それを認めるわけにはいかない。なんと言っても、自分は負けたことがないのだ。

日本経済が自分の理論に追い付いてこないなら、このマンションの価値だけでも上げる方法はないものか。スマホでなんとなく検索してみる。

マンション〇〇制度、マンション〇〇届出制度……たくさんの制度があるようだ。

「なんだ、マンション向けの試験がたくさんあるじゃないか。それなら試験に受かって価値を上げればいい」


優等生と言われる方々は勝ちグセがついている。一度勝ち得たものは、手放したくないという心理が働くのだろう、さらに勝ち続けるよう努力している。その心理をマンション管理にも応用してみよう。

「このマンションはいいマンションだ」という居住者の共通認識は、あらゆるトラブルの解決にプラスの作用が働く。マナー問題なども居住者の管理への関心が高まれば、おのずと減少していくのではないか。マンションを外部機関から評価してもらうのは、そういう効果も期待できる。

マンションを巡る制度には、次のようなものがある。ひとことで言うと、乱立している。なお、新築マンションはさらにたくさんの制度が乱立している感があるが、中古マンションでは利用できないことが多い。ここでは、中古マンションで利用できるものを紹介する。

①マンション管理計画認定制度

地方自治体から認定を受ける制度。国の基準や地方自治体の独自基準を全部クリアする必要がある。管理規約や長期修繕計画などに基準があり、難易度は高い。

②マンション管理適正評価制度

マンション管理会社の団体である一般社団法人マンション管理業協会が運営する制度。管理の状況を5段階に分けて評価する。当初は評価が低くても、段階的に上げていくことができる。

③マンション管理適正化診断サービス

マンション管理士の団体である一般社団法人日本マンション管理士会連合会が運営する制度。マンションの管理状況を診断するサービス。診断結果を次の管理の目標とすることができる。

④既存マンション住宅性能評価制度

評価機関により、目視による建物の検査を受け、一定の基準を満たすことにより、性能評価書の交付を受けることができる。建物のハード面に対する評価であることから、大規模修繕工事後に取得する管理組合が多い。

⑤地方自治体によるマンション届出制度

届出を行うだけで、特に何かの認定や評価を受けるものではない。東京都や神戸市、名古屋市などの大都市圏で実施されている。届出の書類作成の際に、マンションが今どうなっているかを把握するきっかけにもなる。

これだけの制度をすべて詳しく説明できる人は、専門家であってもそう多くはない。マンション購入希望者や居住者であれば、なおさらその区別はつかないだろう。それでも「マンション○○制度を取得しています」と言われると、なんとなく、いいマンションなんだろうな、という印象を受けるに違いない。

だからこそ、それを利用しようではないか。たくさんある中の、どれかひとつでも制度を利用すれば、「○○制度を取得したマンション」として居住者のプライドが高まる。

各制度の条件を見て、一番取りやすいものを選択すればいい。審査のある制度に合格できない場合は、届出の制度も活用しよう。「当マンションは○○市の制度に届出をしています」と言うだけで、なんとなく「真面目なマンションなんだろうな」という印象は出せる。

マンションのマナー問題は、もぐらたたき的な対応と、根本的な対応の2側面からアプローチすることが必要だ。きれいに使用してください、迷惑行為をやめてくださいなど、その都度お知らせすることも必要であるが、長期的な居住者の意識の向上に向けたアプローチも何かひとつ取り組んでみよう。

第7章

災害対策とコミュニティ

ひとたび災害が発生すれば、資産価値の向上どころではなく、とりあえず、どうやって生活を維持していくのかを考えるだけで精いっぱいになるだろう。例えば、マンションを支える柱が損傷すれば、もうそのマンションには住めないかもしれない。資産価値はゼロになる。

マンションの資産価値は災害の発生により大きく左右される。

しかし、本当は災害が発生するもっと前から、災害はマンションの価値を左右しているのだ。さまざまな防災対策をし、その情報を発信しているマンション、行政などと協定を結び、地域の防災活動に協力しているマンションは評価が高く、中古マンションとしての価格が高い傾向がある。

マンションの購入者は地域住民であることが多い。なんの地縁もない人がいきなり引っ越してくることは少なく、昔住んでいたことがあるとか、勤務地に近いとか、なんらかの関係がある人が購入者となる。

当然、そのマンションの評判は周囲の人から聞いたり、自分で見たりしている。地域と共存しようとするマンションの評価が高くなるのは当然だろう。

災害の発生前から防災やコミュニティに力を入れることも資産価値を高める要素なのである。

避難所に入り切れないという現実

自治会長は、何代にもわたり、この地域に住んでいる有力者の家系である。20年ほど前のことであろうか、マンションの建設計画が持ち上がった。近隣の住民から自治会で建設反対運動をしてほしいと要望され、自分が中心となって分譲会社と折衝した。そして、マンションの住民も自治会に加入することなど、自治会に有利な条件を約束させることに成功した。

ところが、そんな約束は忘れてしまったのか、マンション住民は自治会活動に参加してこない。自治会長はマンション住民をあまり快く思ってはいなかった。

災害対策の報道が増えるに伴い、自治会でも避難所の設営について話題になることが増えた。この地域の避難所は近隣の小学校の体育館だ。

自治会長は改めて、この地区の世帯数を市役所に問い合わせてみた。自治会に加入しているのは200世帯、しかし、地域の世帯数は倍近くもあるという。自治会に加入していないのは、ほとんどあのマンションの住民ではないのか。いくら住民だからと言って、そんなにたくさんの人がいきなり避難所に来られても困ってしまう。

マンションの住民は避難所に収容し切れない、マンション居住者は「在宅避難」してほしいと要望する自治会や自治体もある。確かにマンションはコンクリート造であり、戸建てに比較して地震などの災害には強い。多くの人であふれている避難所に行かなくてすむなら、マンションにいた方がいい。しかし、強いのはコンクリート部分だけであり、例えば給水管や排水管、電気設備などはマンションでも被害を受ける。つまり、暮らすための「箱」としての機能は無事であったとしても、電気もつかず、水も出ず、電話もできない。排水管が途中で破損している可能性もあるから、トイレに入ることもできない。

マンションが在宅避難所として機能するには、それなりの準備が必要なのである。防災は自助、共助という言葉が示す通り、まずは自分たちでなんとかするしかない。

マンション内で共助を考えるとき、まず必要になるのが居住者名簿である。熊本地震が発生したとき、復興支援のために現地を訪れたことがある。被害の大きいマンションにも訪問した。どのマンションでも最初に行われたのが、所有者、居住者の所在確認である。

震災発生後、マンションに留まる被災者もいる一方、被災地以外の地域に住む親族や友人を頼って、被災地を去る人もいる。ひとたびマンションを去るとその後どこに住んでいるのかを把握することは難しい。緊急連絡先の届出のない人は何の手掛かりもなく、たとえ届出があっても、その連絡先に避難しているとは限らない。

マンションは、応急的に修繕するにも、何をするにも所有者による総会の開催が必要になる。所在不明の人が多いと何もできないことになる。

あるマンションでは、マンション内で親交のあった人から、よく通っていたという薬局の名前を聞き、理事がその薬局に赴き、「今度こちらに来たら○○まで連絡してください」という伝言を託し、本人にたどり着いたという例がある。また、別のマンションでは、連絡の取れない所有者が引っ越したのではないかと思われるアパートに理事長がほぼ一日中待機し、本人に遭遇できたという話もある。まるでドラマの「張り込み」のような話である。
被災時はこうした偶然と人の努力だけに頼るべきではない。まず、日頃からの居住者名簿を整備することから始める必要がある。

居住者名簿は提出いたしません

ある女性は、以前、都心のワンルームを借りて住んでいたが、コロナ禍を契機に、通勤がなくなり、都心に住む必要がなくなった。45歳という年齢から、このまま賃貸マンションに住み続けることができるのかも不安だった。そんな将来の不安を少しでも払拭するために「自分のマンションを購入したい」、そう思って不動産会社を何軒も回ってようやくこのマンションを見つけ、購入することにした。

先日、管理会社から「入居者名簿を提出してください。管理組合のルールになっています」という連絡が入った。用紙を見ると、氏名や性別、何人で住んでいるのか、緊急連絡先はどこかなど、かなり突っ込んだ内容の記載を求めている。

管理費は払っているのだから、それ以上何か言われる筋合いはないはずだ。近所からも女性のひとり暮らしと悟られないようにしているのに、なぜそんな書類を提出しなければならないのか。たとえ同じマンションの居住者であっても、どんな人が住んでいるか分からない。知らない人に自分の個人情報をさらすつもりはない。

災害発生時の共助の必要性がクローズアップされ、居住者名簿をそろえようという動きが広まっている。しかし、全住戸分の名簿がそろっているマンションはまれだ。どんなに提出を呼びかけても、居住者名簿を提出しない方は一定数いる。

「強制的に提出させる方法はないのか」「どうすれば提出してもらえるのか」などの相談を受けることがある。残念ながら強制的に提出させる方法はない。名簿を提出しない人は、なぜ提出しないのか考えてみよう。その不安を払拭することにより、名簿の提出を促していくことが必要である。

使用目的に不安のある方は、「マンション内の活動に必要だ、災害時の支援に必要だ」という説明だけでは不安が払拭されないと考えていいだろう。誰が、いつ、どんな目的で閲覧するのか、もっと具体的に用途を説明する必要がある。例えば、こんな説明文を追加してみてはどうだろうか。

・事故や犯罪等の発生、孤立死の疑いがあるなど所有者や居住者の生命や財産に関わる事象が発生した場合に、マンションの理事が閲覧することがあります。また、名簿に記載された緊急連絡先に連絡することがあります。
・警察や裁判所等から捜査令状や判決等の文書をもって閲覧が請求された場合に当該機関が閲覧することがあります。

ここまで書けば、イメージしやすいのではないだろうか。

また、管理組合の書類はいまだ「紙」である場合が多い。自分の記入した用紙がいったいどこに保管されるのか不安な人も多いだろう。この保管方法も明示する必要がある。安心感を得てもらうには、「鍵のかかる場所」に保管しておくことがポイントとなろう。

なお、名簿は定期的に更新する必要がある。マンションでは年一回必ず所有者の総会があり、各種書類を送付している。このときに「名簿」を同封し、他の書類と一緒に回収することを毎年の決まりごととしている例もある。

コミュニティは夏祭りばかりではない

新聞の折り込み広告を開けてみると、新築マンションの販売チラシが入っていた。総戸数３００戸、ビッグコミュニティ誕生とある。集会室やキッズルームなどの施設も充実していると謳われている。さらに、陶芸クラブやヨガ教室などのサークル活動も予定されているようだ。子供たちが遊び、母親たちが笑顔でおしゃべりするイラストが眩しい。

光輝く未来へ――いま、扉が開く
憧れの新生活がすぐそこに
いま、堂々誕生

マンションポエムと言われる販売広告のきらびやかな言葉にしばらく心をうばわれる。

しかし、月々の返済例を見て、ふと我に返る。今住んでいるマンションを売って買い替えると、ローンの返済はますます厳しくなるだろう。妻は大きなため息をついた。

夫は営業マンであり、「休日にまで人に気を遣いたくない」と言い、外に出ようともしない。たとえ、背伸びして購入したとしても、夫がその輪の中に入ることは絶対にないだろう。妻は新聞の折り込み広告をそっとたたんだ。

新築マンションの広告にはきらびやかな言葉が並ぶ。最近は、立地や建物の性能だけではなく、コミュニティ活動を売りにするマンションも多い。コミュニティ活動は何もイベントの開催やサークル活動だけではないが、新築マンションの広告では、そうした活動をコミュニティ活動と呼んでいることがほとんどだ。

新築マンションであるから、まだコミュニティは醸成されていないはずだ。それでも広告に使用するのは、そのしかけがあるからだ。

一般的には、一定期間、あらかじめ不動産会社がイベントやサークルなどの運営会社にお金を払い、運営会社がさまざまな活動をする。一定期間というのがミソで、その期間が終了すれば運営会社は撤退してしまう。世知辛い言い方だが、金の切れ目が縁の切れ目というわけだ。その後は居住者がコミュニティ活動の担い手になる必要がある。うまく担い手が現れればよいが、リーダーとなる人がいない場合、コミュニティ活動は消滅してしまう。実際に消滅している事例も少なくない。

こうした事例は、販売目的でしかけられた一過性のコミュニティ活動では本当のコミュニティの醸成はできないということを示している。

コミュニティの醸成にはイベントの開催などが効果的であることに異論はないが、その効果ばかりがやたらに強調されすぎているようにも感じる。イベント活動に参加したくない人に対して無理に働きかけをするのは逆効果だ。彼らのドアをたたくほどに、どんどん閉じこもってしまう。

加入者が減ってしまった自治会、参加者のいない学校のＰＴＡ活動にも似ていると言えるのではないだろうか。

濃密な人間関係を作る必要があると言うつもりはない。ただし、災害時のことなどを考えると、せめて同じ階の人の顔を知っている、両隣の人と会話ができる、その程度のつながりがあるとよい。コミュニティの醸成ができていないと思われるマンションは、まずはお互いに挨拶ができる程度の、ゆる〜い関係を目指すとよいだろう。

大地震があっても自分だけは助かるに違いない

ひとりっ子の息子を持つ女性は、楽観主義者である。彼女は学生の頃、『ノストラダムスの大予言』という本を何度も読んだ。1999年に人類が滅亡するという話である。このとき、「人類が滅亡したら、自分ひとりでどうやって生きていこうか」と真剣に悩んだ。こうした自分だけは何があっても大丈夫だと思う心理を正常性バイアスと言う。この女性は正常性バイアスのかかった考え方をする傾向がとても強い。

先日、マンションの避難訓練があった。消防車が来るというので、息子が行きたがった。普段は管理組合の活動など興味がなかったが、子供が行くというので仕方なく参加することにした。

消防士が訓練用の消火器を持ち上げて言う。

「廊下に設置してある消火器の使い方を説明します」

はて、廊下に消火器などあっただろうか。このマンションには10年くらい住んでいるが、消火器がどこにあるか気にしたことがない。でも、このマンションで火事が起きるなんて絶対ないだろう、まあいいか。

女性は、息子が消火器から勢いよく噴射される水(※)にはしゃいでいる様子をうれしそうに見ていた。

※訓練用消火器の場合は薬剤ではなく水が詰めてある

＊全員無事の防災訓練

正常性バイアスがかかっているマンションの防災対策は実に多い。自分のマンションだけは何事も起きないと信じてやまない防災対策である。

災害発生時の対応には、まず、自分の身は自分で守る（自助）、次に周囲の人と協力してお互いの身を守る（共助）、そして行政などから支援を受ける（公助）という3種類の段階がある。マンションの防災対策は「共助」に当たる。共助では、他人のことも考える必要がある。

ご近所付き合いを考えると、「死亡する」などという最悪のケースは「縁起でもない」として想定しにくくなる。こうしてマンションの防災対策にはどんどん正常性バイアスがかかっていく。

防災訓練の安否確認は、全員無事からスタートする。実際は不在住戸もあるだろうし、地震の場合は玄関ドアがゆがんで脱出できない人もいるだろう。大怪我をしたり死亡したりする人もいるかもしれない。

心肺停止に陥った人がいる場合、ＡＥＤを使用し、心臓マッサージをしたところで救急車はまず来ない。防災訓練で心肺蘇生の練習をすることがあるが、「救急隊につなぐ」ところまでだ。つなぐはずの救急隊が来ないとき、どうすればいいのか。

死亡した人がいる場合、ご遺体はどこに安置するのか。発災直後、警察も来ないだろう。落ち着くまでどこかに安置しておく必要がある。ご遺体は何日間もどこに置いておくのか。こうした想定はされていない。

正常性バイアスのかかった防災対策は、いざというときに使い物にならない。

縁起でもない話を具体的に検討してみよう。例えば、怪我をした人を上階から下階に搬出するためにはどうしたらよいのか。平日の日中は力仕事をあてにできそうな居住者の在宅率は低い。そこで中学生や高校生など、すぐに帰宅でき、かつ搬出を手伝ってくれそうな学生を避難支援の担い手として組織しているマンションもある。ゲストルームの一室を遺体安置所として指定しているマンションもある。小規模なマンションなど、自らの力では解決できないマンションは、自治体や地域の自治会や町内会との連携を探ることもできるだろう。

＊うちのマンションだけは最優先で

管理会社に対し「震災が発生したら、他のマンションのことはさしおいて、うちのマンションに最優先に駆け付けて対応するという協定を締結してほしい」と要望されることがある。

この話のどこがおかしいのかお分かりだろうか。

まず、駆け付けるためには管理会社の従業員は無事であることが必要だ。災害時は、管理会社の従業員もまた被災者である。仕事よりも自分自身の命を守ることが優先される。

次に、管理会社からマンションまでの交通機関または道路が利用可能であることが必要だ。倒壊した建物やがれきで交通機関は麻痺し、とうてい駆け付けることなどできないかもしれない。

特定のマンションに特別な対応など約束はできないのだ。

他力本願な防災対策は意味をなさない。自分と、家族と、その周囲の人を中心として防災対策を立案するべきなのだ。

マンションに住むメリットのひとつが、管理組合で防災対策ができることである。災害発生後に生活を継続しようとするなら、堅固な建物であること、助け合える人がいることの2条件が必要になる。あらゆる建物の中で、このふたつを備えるのはマンションしかない。このメリットを最大限に生かそう。

第8章

問題だらけの駐車場

駐車場もまた、マンションの建物と一緒に時代の流れに従い、利用者も変わり、その設備は劣化している。駐車場のあるマンションはとても多い。その分、駐車場にまつわる問題も増加している。

ひと昔前は、駐車場の台数に対し、圧倒的に利用希望者が多かった。一般的にこの場合の使用者を決める方法には次の3通りがある。

①ウェイティングリスト方式

引っ越しなどで駐車場の使用契約を解約する人がいた場合に、リストの上位にいる人から利用できるという方法である。解約者が少ないと、10年経っても回ってこないという不満が出ることもある。

②その都度抽選会方式

駐車場を解約する人がいた場合に、その都度、抽選会を開催し、当選者が利用できるという方法である。抽選会は戦々恐々とした雰囲気がある。引っ越してきたばかりの人が当選し、長年落選し続ける人がいるなど、不公平だとの不満が出ることがある。

③ガラガラポン方式

不公平感の解消を目的として、1年から2年ごとに全台数分を抽選し直すという方法である。抽選の結果、今までマンションに駐車していた人が落選し、駐車できる場所がなくなって周辺道路に路上駐車するという問題が生じることもある。

どのケースをとっても不満が出てしまい、抽選方法は常に管理組合の重要議題であった。今となっては、郊外のマンションなどで駐車場の使用希望者が多い場合でも、①か②の方法で使用者を決定し、③はほぼなくなっている。

さらに、都市部においては駐車場の利用者不足が進み、管理組合の収入が減少することが問題になっている。機械式駐車場の場合は収入の減少は深刻さを増す。他にも自然災害の増加により車両に被害が出るなど、駐車場には、時代の流れに伴い居住者のニーズが変わっても新しい問題が巻き起こる。

駐車場に停めていたのに車が水没

窓の外は豪雨だった。テレビはあちこちの道路で車が立ち往生している様子を伝えていた。家の中にいる自分には他人事だ。男性はのんびりとニュースを見ていた。

すると、インターホンが鳴る音がする。

宅配便かな、そう思って玄関に立つと、マンションの理事長を名乗る人が立っている。

「駐車場は利用されていますか？　もし、駐車されているなら、すぐに車を動かしてください。駐車場が冠水しそうです」

そう言って、挨拶もそこそこに立ち去っていった。

「冠水？」

どういうことだろう。念のため車のキーを持ってエレベーターを降りる。車のクラクションが鳴り、人だかりがして騒がしい。機械式駐車場のパレットの一角が上に上げられて居住者と思われる人々が下を覗き込んでいる。

男性もその視線の先を覗き込み、思わず息をのむ。もはや駐車場とは言えず、池のようであった。男性の車はすでに水没していた。

機械式駐車場のピット（地下部分）には排水ポンプがあり、ピットに水がたまれば汲み上げて公共下水道に放流するようになっている。しかし、集中豪雨などで公共下水道がいっぱいになり、処理能力が限界を超えるといくら排水ポンプで汲み上げたところで、雨水は機械式駐車場ピットに逆流してくる。いったん逆流が始まると、あれよあれよという間のほんの数分で車両は水没してしまう。

水没した車両は泥にまみれ、電気系統が故障するためか周囲にクラクションの音が鳴り響く。ほとんどの場合は廃車にせざるを得ない。

水没による車両の損害は、車両保険の中でも特約を付保しなければ担保されない。特約がなく、保険金が出ないとしよう。そうなると、被害者からは水没の危険を伝達するのが遅かったのではないか、排水ポンプが故障していたのではないかなど、管理組合や管理会社の責任があるのではないかという主張がされることもある。

こうした機械式駐車場の水没トラブルの経験から、上段、中段、下段の料金に大きく格差を付けている管理組合もある。一般的に上段（地上）の駐車場使用料が1万円程度の場合、中段、下段の差は１０００円～２０００円減額された金額であるが、半額程度まで減額し、契約時に「水没のおそれがあるので使用料を安くしています」と説明している。リスクがあることを納得してもらうには有効な手段だと思う。

水没を免れるには水没する前に車両を移動するしかない。それでも、移動する車両をどこに停めるのかなどの問題もあり、なかなか事前の移動は行われない。被害を防止するために、いったん車路に車を駐車することを容認するなど、予防策を検討しておくべきだろう。

他の人に貸すと税金がかかります

女性の部屋は1階にあり、窓からは駐車場がすぐ見える。車の出入りはあるが、駐車場を利用しているのは同じマンションに住む居住者だ。みんな気を遣ってくれているのか、車のドアをバタン！と閉めたりはしない。今まで駐車場を使用している人に不満を持ったことはない。

あるとき、ゴミを出しに行ったときに隣の部屋の女性にばったり会った。彼女はマンション内のあらゆることに情報通である。

「駐車場を借りる人が少なくなったので、マンション以外の人にも駐車場を貸してはどうかという話が理事会で持ち上がっているらしいわよ。近所の人が出入りするなんて、いやよねえ」

確かにその通りだ。知らない人がうちの窓の近くをウロウロするということになる。そんな物騒なことになってはたまらない。なんとか阻止しなければ。

車を保有する人が減少してきたことから、最近は駐車場が「がら空き」となって困るマンションが増えている。

駐車場が空くと、最初に検討されるのが、マンションの部屋を賃貸で借りている居住者に貸す、という選択肢である。多くのマンションは、所有者しか使用できないというルールにしている。そのルールを改正し、賃借人にも貸そうというものである。

しかし、ここには大きな問題がある。国税庁から、賃借人に駐車場を貸す場合は、その収益に対して課税するという見解が出されているのである。つまり、管理組合は税金を払えということだ。

賃借人に数台貸す程度の場合、税金と税務申告にかかる税理士報酬などを考えると手元に現金はほとんど残らないか、むしろ赤字になってしまうだろう。賃借人に貸すことは難しい選択肢のひとつである。

空き台数が相当数ある場合に検討されるのが、居住者以外の人に貸す、という選択肢である。居住者以外の人に貸す場合は、募集、契約の締結、賃料の回収などのさまざまな業務が発生する。まるで不動産会社のような業務がある。

管理組合だけではとうていそんな業務はできない。そこで駐車場サブリース会社に依頼しようということになる。サブリース会社は管理組合からまとまった区画数を借り受け、それを広く一般の方に転貸する。

平たく言うと、サブリース会社は管理組合から安く借りて、一般の方に高く貸す。その差額がサブリース会社の利益となる。つまり、もともと駐車場使用料がそう高くない地域では、この差額が見込めない。利益の出ないところで商売をしようという会社はない。管理組合側からサブリース契約を申し込んでも断られるという割合も一定数ある。

さらに、居住者の中から「マンションに関係のない人が駐車場に出入りするのが不安だ」といった声が出ることもある。マンションの建物と駐車場に十分な距離があるような配置でない限りこうした不安は必ず出てくる。マンションの居住者以外の人に貸すのもまた難しい選択肢のひとつなのである。

もちろん、難しい選択肢のどれかを選択して解決している管理組合もある。しかし、解決できない管理組合のがら空きの駐車場は増加し続けている。

使わないなら埋めてしまえという選択

輪番制で仕方なく理事になった男性は、長期修繕計画とにらめっこしていた。どう考えても積立金が足りない。

しかし、自分が理事のときに、積立金の値上げはしたくない。反対する他の所有者から突き上げられるだろう、そんな貧乏くじを引くのはいやだ。そうはいっても、修繕工事をせずに放置しておくわけにもいかない。

収支を健全化するには、積立金を増やすか工事費用を減らすかのどちらかだ。積立金が増やせないなら、工事費用を削るしかない。

男性は、長期修繕計画をもう一度よく見る。費用は大きいところから削るのが鉄則だ。すると、機械式駐車場の交換工事に5000万円が計上されていることに目が行く。他の項目とは桁が違う。あんなにガラガラの機械式駐車場に5000万円、そんな修繕工事をする必要はない。

「そうだ、いらないなら埋めてしまえ」

積立金は値上げしないですむかもしれない。

首都圏においては条例で「駐車場付置率」を定めている自治体がある。駐車場付置率とは、マンションを建設するときに、住戸数に対して設置しなければならない駐車場台数の割合である。今から20年以上前、車社会と言われていた時代、駐車場は大いに不足し、路上駐車などが社会問題化していた。そこで、各自治体では、駐車場付置率を条例で定めて駐車場不足を解消しようとした。

この条例に基づき駐車場を設置する場合、全部を平置き駐車場にすると、建物が建築できる面積が減ってしまう。そこで、1台分のスペースで3台の車を駐車することができる3段式の機械式駐車場が導入されるようになった。他にも5段式やタワー型といった種類がある。いずれも、車を載せたまま電力で動く装置であるから、メンテナンス費用や装置そのものの価格も高額である。

駐車場が空いてしまったことに困ったマンションが最後に検討するのが、機械式駐車場の平面化工事である。３段式であれば、地下の駐車場部分をなくし、平置駐車場にしてしまおうということだ。

平面化を選択する理由の最も大きな目的は、修繕工事費の削減である。機械式駐車場は修繕や入れ替え工事が必要で、将来的に数千万円から台数によっては億単位の修繕費用がかかる。機械式駐車場がなくなれば、その修繕費用は不要になる。マンションにとっては、駐車場台数が減り駐車場使用料もまた減ることになるが、それ以上の修繕費がなくなることがメリットだ。

しかし、この検討は最終的な選択肢であることもあって、検討の道のりは長い。まず工法の検討が必要になる。平面化工事には、おおよそ3種類の工法がある。

・地下部分はそのままにし、鋼板を敷く方法
・コンクリートで枠を作り、アスファルトなどで舗装する方法
・土砂を入れて埋め戻してしまう方法

それぞれに長所、短所があり、その建物に合った方法を採用することになるが工事費用も多額であり、合意に至るまでの検討時間がかかることが多い。

次に、どんなに利用者が少なくなっても、条例がある限り駐車場付置率はクリアしなければならないのが原則だ。車を保有する人が減少した今でも、駐車場付置率を定めた条例だけはそのまま残っている自治体が多い。平面化工事後に駐車場付置率以下になるような場合は、自治体との協議が必要になる。

今では、駐車場空き問題が顕在化してきたこともあり、駐車場付置率以下にすることも認めてくれる自治体も増えてきてはいるが、認められない自治体もある。

最後に、居住者が工事後に駐車したい区画の希望にすべて応えられないという問題もある。以前と異なる区画に移動する必要があると、移動を拒否されることがある。この区画が気に入っている、ここは動きたくない、という要望だ。こうしたあらゆる条件を組み合わせて、居住者が納得することはなかなか難しい。

それでも平面化工事に踏み切るマンションは増えている。マンションみらい価値研究所にておおよそ4000管理組合に対して調査したところ、機械式駐車場を平面化した建物は、7・5％ある。利用者のいない機械式駐車場はもはやマンションの「お荷物」になってしまっている。

地球温暖化対策として国が奨励していることもあり、最近はマンションでもＥＶ充電器の設置が始まっている。ただし、まだ自らの積立金を取り崩して設置しようとする動きには至らず、国や地方自治体の補助金を利用することが前提となっている。ＥＶ充電器の設置はまだまだこれからだ。

ただし、自動車のほとんどが電気自動車に代われば、次は、すべての駐車場区画にＥＶ充電器を設置するにはどうしたらよいかといった問題が生じるに違いない。場所をどう確保するのか、電気容量が不足する場合はどうするのか、その頃には補助金制度はなくなっているだろうから、設置費用はどう捻出するのかなどである。新しい駐車場問題が時代とともに次から次へと生まれていくだろう。

それでも、駐車場利用者と利用しない人が話し合い、解決していかなければならないのである。それができるマンションだけが、資産価値を維持できる。

第9章
マンションに住むちょっと残念な人々

マンションでは、他の居住者との関係を積極的に築こうとしない限り、人間関係が希薄であっても日常生活を送ることに支障はない。例えば、隣人と出会うのは偶然に玄関を開けたときくらいの頻度であろう。エントランスで他の居住者とすれ違っても、とりあえず「こんにちは」程度の挨拶がされれば、お互いに気にすることはないだろう。

しかし、中にはマンション全体に少なからず好ましくない影響を及ぼす残念な人々がいる。さらに、この残念な人々は、どのマンションにも必ずいると言っていい。こんな人がいるマンションには住みたくない、という視点ではなく、うちのマンションにいるこんな人々と、どう向き合っていくべきか、その視点で考えてみてほしい。普段は出会うことのないあなたの隣人は、実はこの残念な人なのかもしれない。

管理費を滞納しても大丈夫と思う人

男性は長いことある会社で営業職として勤め、定年退職となった。そんなに働いてきたにもかかわらず、定年退職金は思っていた金額の半分ほどであった。定年退職金で残りの住宅ローンを返済してしまおうという将来設計はあてがはずれた形だ。年金だけで住宅ローンと管理費や積立金、生活費を支払うのはかなり厳しい。

営業マン時代の経験から、金融の知識が多少ある。

クレジットカードの滞納は債権譲渡がされたり、住宅ローンの滞納は抵当権が実行されてマンションが競売されたりするリスクが高いことはよく知っていた。お金が不足しそうなときはこうした「滞納するとやばい順」から返済するようにしていた。

管理組合と管理会社との「管理委託契約書」は確認している。契約によれば、滞納管理費の督促は、管理会社が最初の６か月のみ、その後はマンションの理事長がやらざるを得ない。

このマンションの理事長はやる気がない。

自分に対して支払い督促や少額訴訟をするにはそれなりの手続きが必要だ。このマンションですれ違う人は高齢者ばかりだ。面倒なことには関わりたくないだろう。管理会社から督促がされる６か月が過ぎれば、後は何もしてこないだろう。

男性はすでに今月で管理費等の滞納が６か月を経過すると分かっていた。来月になれば、しつこい管理会社からの電話もなくなるはずだ。

そう思うと少し気持ちが軽くなる。男性はバルコニーに出ると、ゆっくりとタバコの煙を吐き出した。

管理費や積立金は、管理会社に支払うものであると誤解している方もいるようだが、実は違う。管理費は、管理組合の銀行口座に預け入れられ、そこから電気代などの公共料金、管理会社への支払いなどがされる。また積立金についても同様に管理組合の口座に預け入れられ、大規模修繕工事などの際に支出される。管理会社はその入金や支払いの手続きをしているのだ。

管理費や積立金（以下「管理費等」という）の滞納があると、マンションの資金が不足することになる。たいていの場合、多少の滞納があっても公共料金の支払いに支障をきたすようなことはないが、滞納管理費が膨らむと支払いができないという状況に陥ることもある。

電気代を支払わずにいると電気が止められてしまう。極端な話をすると、滞納者が増加すれば、ある日マンションに帰宅したら真っ暗で階段や廊下の電気がついていない、なんていうことになりかねないのである。

管理費等の滞納を未然に防ぐには、早めの督促が一番効果的である。管理費等の滞納者は同時に他の債務に関しても滞納していることが多い。他の債権者より早く、管理費等を支払ってもらうようにすることが必要になる。

住宅ローンやクレジットカードの支払いは管理費等よりも高額であることが多い。手元に少しでも資金があるなら、一番支払ってもらいやすいのが管理費等である。管理費等の支払いがあるということを常に思い出してもらうような対策が必要だ。最も効果的なのは、督促状の送付の他、電話による督促であろう。

それでも支払わない滞納者に対しては訴訟するしかない。気を付けなければならないのは、債権者本人、つまり管理組合でしか、この訴訟はできないことだ。つまり、理事長などが自ら動いて、弁護士に依頼し、訴える必要があるということだ。滞納管理費の回収は、黙っていては誰もやってはくれないのである。早く動いた管理組合が、管理費等の長期滞納を防ぐことができる。

カスタマーハラスメントを生きがいにしている人

夫婦の子供たちはすでに独立している。夫はサラリーマン時代に昭和の典型的な猛烈社員であり、最後は一流会社の部長職まで昇進したことを誇りに思っている。定年退職後に少し静かな場所で暮らそうと都心から転居した。夫に趣味と言えるようなものはなく、妻はどうなることか心配していた。

ところが、数年前に理事となり、それをきっかけとして管理組合の活動にのめり込むようになった。今年になって、夫は理事長になった。月に何度も理事会を招集し、夫は会議に合わせて膨大な資料を作成していた。

時折、理事会を欠席する他の理事からは事前に「欠席します」との電話がかかってくる。その電話に出た妻に「ご主人様にはくれぐれもよろしくお伝えください」と伝言を頼む声はどこかよそよそしかった。

妻は夫の言動に「行きすぎではないか」と感じることもあったが、夫は「マンションの資産価値の向上に寄与し、自分はこのマンションの所有者全員に支持されている」と信じて疑わないようであった。

今日も夫はどこかに電話をかけているようだ。夫の声が聞こえてくる。
「お前んところの担当者はクズだ！　うちのマンションの資産価値をどう考える！
え？　なんとか言え！」
相手は管理会社なのだろう。
自分は関わりたくない。妻は聞こえないふりを決め込んだ。

管理会社の担当者や管理員は、いわゆるカスタマーハラスメントを受けやすい職種である。その原因には次のようなことがあげられる。

①マンションは高額な商品であり、不満があってもそう簡単に買い替えることができない。そのため自分の意見を押し通したいという欲求が強くなりがちである。

②高齢者は在宅時間が長い傾向にあり、マンション内のことに目が行きやすい。また、一般的に高齢になると怒りのコントロールができなくなる傾向があると言われている。そのため、怒りの矛先が担当者や管理員に向かいやすい。

③所有者にとって、担当者や管理員は「お客様」という上位の立場でいられる身近な

存在である。

具体的には次のようなハラスメント行為が報告されている。

①担当者を自宅や集会室に長時間拘束し、謝罪を要求する。

②執拗な電話やメールを繰り返す。

③A４用紙20枚以上にもわたる長文の書面を代表取締役あてに何度も送付する。

④国土交通省や消費者庁、消費生活センターなどあらゆる公的機関に事実と異なる通報を繰り返す。

⑤重要事項説明会の開催拒否、管理事務報告を聞かないなど、法令違反を強要する。

こうしたハラスメントは特定の所有者が行っている。そのほとんどは、自分の行為がマンション全体のために役に立っていると信じていて、自分の行為がハラスメントに該当するとは思っていない。

ひと昔前は、管理会社が理事会に相談しても「管理会社と特定個人の問題」として取り上げない理事会もあった。管理会社は解決の糸口を見つけられないでいた。

しかし、今では、ハラスメントが世の中に知られてきたこともあり、ともに解決しようとする理事会もある。さらに、それでも解決できない場合は、管理会社側から解約を申し出るケースもある。特定の所有者にかかる時間や手間を考えると採算に合わないこと、ハラスメントを受けている従業員のメンタルに不調が現れる前に、その状況から解放するためだ。

周囲の居住者も見て見ぬふりをして特定のハラスメントを容認していると、ある日、管理会社から解約通知が届くことになりかねない。

ハラスメントを行う居住者に対して、理事長や他の居住者が「それはハラスメントであり、やめるように」と言うと、マンションのためと思っていた行為がその目的を失うのだろうか、ハラスメント行為をやめることもある。周囲の強い姿勢が大切だ。

管理組合も管理会社も良好な住環境を築くことを目標にしているのであるから、協力してハラスメントに対処していくようにしたい。

地球環境より、便利な生活が大切だと思う人

夫婦で暮らしているとは言うものの、夫はほとんど家から出ることはない。妻は買い物が好きだったが、米や水や醤油を買いに行くのは重たくていやだった。

お正月に孫を連れて遊びに来た娘から、インターネットショッピングのやり方を教えてもらった。ぽちっと押せば、重たい荷物を翌日には玄関先まで持ってきてくれる。とても便利だ。妻はそれがとても気に入っていた。

あるとき、郵便受けにアンケート用紙が入っていた。どうやらマンションで宅配ボックスを購入しようとしているらしい。理事会の説明には、今の新築マンションには当たり前に付いていて、資産価値が向上するとか、不在でも荷物が受け取れるとか、はなから賛成に誘導しているような意見しか書いていなかった。

妻は「宅配ボックスなんてとんでもない」と思った。自分が病院や買い物に行っているときに、配達員が来たとしても、夫は玄関先に出て荷物を受け取ってくれたりはしないだろう。そうなれば、宅配ボックスに荷物を入れられて、再配達はしてもらえない。重たい荷物を持って、エントランスからここまで自分が運ばなければならない。どうしても玄関先まで持ってきてもらいたい。

妻は、アンケート用紙の「反対」に○印を付けた。

新築マンションでは当たり前の設備である宅配ボックス。エントランスに電源とある程度の広さがあれば、後から設置することも可能だ。しかし、中古マンションでの設置は進んでいない。宅配ボックスが生活の中に当たり前にある人からすれば、なぜ設置しないのか不思議に思うだろう。

マンションみらい価値研究所にて、総会で宅配ボックスの設置に反対した意見についてその理由を分析したところ、反対者はほとんどが高齢者であり、反対の理由は、「宅配ボックスに荷物を置いていかれてしまうと、自分で玄関まで運ぶことが困難だから」という理由が多いことが分かった。「不在の場合は、再配達をしてもらいたい」ということだ。

宅配業界では配送センターから配達先までの「ラスト1マイル」が問題になっている。荷物を受取人に渡すことができず、この1マイルに再配達が発生している。再配達を削減することは、人手不足への対応の他、二酸化炭素の削減など地球規模の課題でもある。

マンションでは宅配ボックスから玄関までの0・1マイルともいえる距離がある。この0・1マイルがあるために宅配ボックスの設置が進まない。

これが企業ならどうだろうか、地球温暖化の対応をしない企業など、あっという間に淘汰されてしまう。「当社だけは再配達をしてもらいたい」など恥ずかしくてとうてい言えないだろう。これが管理組合の総会だと許されてしまうのだ。

では、具体的に宅配ボックスから玄関までの距離を縮めるにはどうしたらよいか。

簡単なのは、共用の台車を設置することだ。宅配ボックスの横にたたんで置いておく。宅配ボックスを開けて荷物の重さに驚いたりする場合もあるだろう。そういうときにも使用できる。

次に、置き配を検討しよう。宅配ボックスがあっても、ボックスがいっぱいで使用できないとか、高齢者世帯などで台車ですら持ち運びが困難である場合には、廊下に荷物を置くことを認めてしまう。今では、玄関ドアに鍵のかかる収納袋をかけておくことができるものなどさまざまな商品が販売されている。

置き配を認める場合には、使用細則にルールを定めることも必要だ。マンションの廊下は、消防法によりものを置いてはならないことが定められている。それでも万が一の避難には支障がない幅が確保できる場合などでは置き配を認めてもよいだろう。

総会では個人の利便性が優先される意見に流されがちだ。宅配ボックスに関していえば、地球環境という視点から判断できるようにならないと、日本のマンションは社会全体、いや、世界から取り残されてしまう。

私はスマホもパソコンも使えないと自慢する人

ＩＴ推進派の鈴木さんは、バリバリの現役サラリーマンだ。マンションの理事会や総会もインターネットを利用したリモート会議にすればいい、そう思って他の理事に提案してみた。

70歳は超えているであろうと思われる田中さんが矢継ぎ早に質問してくる。

「リモート会議には、なりすまし、という危険があるそうじゃないか。本人確認はどうするつもりだ」

「会議の画像は撮るのか、画像は個人情報ではないかと思う。流出したら大変だ」

「リスクに対する想定を全部書き出して、会議の規定をきっちり作って、居住者の皆さんの了解を得てからでないと、リモート会議はやってはならないと思う」

ちょっとびっくりしたような表情で鈴木さんが答える。

「今日、顔を合わせているのだから、次回は画面越しでもお顔を見ればご本人かどうかは分かるでしょう。

今ここで、私とＳＮＳか、メルアドの交換をしていただければ、私がそこに会議の

ID・パスワードを送りますよ。それに、会議の録画はしないようにします」

きっと田中さんはリモート会議の開催はしたくないからこういう質問をするのだろうな、鈴木さんはそう思った。

次回の理事会の日、田中さんは何の連絡もなく欠席した。

山田さんがあきれたような表情でつぶやく。

「田中さんのせいで、みんなこうやってリアルで集まっているのに。あの方がいないなら、次回から全部リモート会議にしましょう」


マンション運営のIT化は「IT弱者救済」の名のもとに出遅れている。社会はIT化が推奨され、IT機器を使えない人を置いていく。サラリーマンは「使えない、持っていない」を理由に機器の利用を拒否することはできず、使えるように努力している。

しかし、マンション管理を取り巻く世界では、さまざまな法律や制度の検討の場で、IT弱者への配慮や対応を求めている。ITが使える居住者は「IT弱者に配慮していない」と批判されたくないがために、全員が押し黙ってアナログのままでいる。

例えば、国の示す管理規約のひな型では「電磁的方法が利用できない場合」という注釈を付けて、IT化できない管理組合のための条文を残している。電磁的方法とは、ITを活用した方法を指す。

さらに2020年以降のコロナ禍にあって、管理組合では対面での総会ができない状況が続いた。世の中ではさまざまな場面で、インターネットを利用した会議の開催が一般化した。それでも、マンション管理においては、IT機器を使えない人に対する最大限の配慮が求められ続けた。

こうして「私はスマホを持っていない、使うつもりもない。使わないのは私のポリシーだ！　理事会は集会室に集まって開催してもらいたい」と堂々と言う人がマンションの中でIT化の拒否権を得たままの状況が続いている。

何もIT弱者を無視しろと言っているのではない。IT機器を使えない人には、例えば代理人を認めるなどの方法でも解消できる。そうした代わりの方法を広く認めていくべきだと思う。

ITを活用したマンションの活動は、若い世代に受け入れられやすい。ITの活用がどんどん進めば、マンションの理事も世代交代が進み、活性化につながるだろう。弱者にのみ目を向けるのではなく、将来に目を向けてほしい。

何もしないと決め込んだ人

ある日突然、管理会社の担当者を名乗る人が玄関先にやってきた。

「今年の理事の順番はこの部屋の所有者になります。ご協力お願いします」と言う。

80歳になる男性は、一日中テレビを見ていると言っていい生活を送っていた。外出するのは病院に行くときくらい、食事は宅配弁当ですませている。何かをやろうとする気力はとうに失せている。こんな自分に何をしろというのか、彼は即答で断ることにした。

「私はもう高齢なので、マンションのことは現役の方におまかせします」

担当者はその答えを予想していたのだろう、これまた即答する。

「このマンションには、決まりがありまして。辞退はできないことになっています」

担当者と男性は、お互いの顔を見合わせて、しばらく時間が流れる。

男性はいかに理事にならないですむかを考えていたが、ふと気が付いた。

そうだ。理事会に出なければいいだけだ。この担当者に早く帰ってもらうためにも、理事になります、と答えた方が賢明だ。名前だけは出しておくことにしよう。

彼は理事になっても何もしないと決め込んだ。


理事のなり手不足に悩むマンションは多い。

理事は誰もがやりたくないという前提からなのだろうか、順番を公平に割り当てる「輪番制」を採用する管理組合が多い。それでも家庭の事情などを理由に順番が回ってきても辞退する人が相次ぐ。

理事のなり手不足の対応にはいくつかの方法がある。

①理事の範囲を広げる

管理規約にどういう人が理事になれるのかの規定がある。比較的古いマンションでは理事を「現在マンションに住んでいる所有者」に限定していたりする。この範囲を広げ、「マンションに住んでいない所有者」や「所有者の親族」なども加える。

②理事になる人にお金を払う

理事はボランティアで参加してもらうことが原則になっている。その負担を少しでも軽減するために、理事にお金を払う管理組合もある。平均的には年額1万円から数万円程度であり、仕事をした場合の時給などに比較するとわずかではある。それでも「ありがとう」の気持ちは表すことができ、理事のモチベーションの維持にはつながるかもしれない。

③理事を辞退する人からお金を取る

個人的にはあまり賛成していないが、理事を辞退する人から罰金を取るというルールを持つ管理組合がある。罰金とは刑法に触れた場合の罰を表す言葉であるが、ここではあえて罰金という言葉を使う。罰金を取る相手方には、大きく、次の2種類に分類される。

・マンションに住んでいない所有者

海外や遠方で生活している場合、リアル開催が前提だと、理事会や総会には参加できない。また、管理組合の資料を郵送する必要があると、マンションに住んでいる所有者にはない経費がかかる。これを理由に、マンションに住んでいない人からその分の罰金を取る。他の所有者とのバランスをお金で解決しようとするものだ。最近では、理事会もインターネットを利用して開催することができ、郵送ではなく電子メールで送信も可能であるから、マンションに住んでいない人も理事になれるようにし、マンションに住んでいる所有者との不公平感をなくす管理組合もある。どこかでこの罰金制度も見直すことが必要だろう。

・順番が回ってきても、理事を辞退する所有者

高齢や家庭の事情などで理事を辞退する場合に罰金を取る。こちらも他の所有者とのバランスをお金で解決するものだ。ところが、お金を払えば理事をやらなくていい、という風潮が生まれてしまい、ますます理事のなり手がいなくなったという事例もある。また、家庭の事情もどこまで認めるのか、他人の家庭の困窮度合いを推し量ることは難しい。

私は、マンションに罰金制度はなじまないように思う。もともと、理事は誰もがやりたくない、いやな役回りであるという前提があるために辞退者から罰金を取るという発想になる。

アメリカでは自分の資産は自分で守るという意識が強い。さらに価値を向上させるために、自ら理事となり、自分の意見を反映させたいという所有者が多く、理事のなり手不足など無縁だという。アメリカ人らしい話だ。

韓国では、所有者だけでなく賃借人も管理組合活動に参加することができ、年間を通してイベントの開催などが活発に行われているという。また、イベント活動が活発な管理組合ほど、市場の評価も高いのだという。うらやましい話だ。

諸外国の例にあるように、理事になることが自分にとってメリットがあると感じるような「しかけ」が必要だ。たくさんの人が理事になりたいのであれば、罰金という概念は不要になる。

もうひとつ、理事のなり手不足に対する選択肢がある。

理事になりたくない人に無理強いしてもできないものはできないだろうし、やる気のない人にマンションを預けても何も解決しない。

それならいっそのこと、マンション以外の人にお願いしてしまおうというのが外部管理者方式という方法だ。所有者の中から理事長を選出しようとするのではなく、例えば、マンション管理士や管理会社などに理事長（※）をお願いしようとするものだ。もちろん、お金はかかる。それでも、外部の第三者にお願いしたいと考えるマンションは多い。

この外部管理者方式は、当初、高齢化で理事のなり手がいないマンションからのニーズが高いと考えられていた。しかし、始まってみるとタワマンであるとか、億ションと言われる高額マンションからもニーズがある。パワーカップルと呼ばれる富裕層は、お金を払っても面倒なことは他人に依頼しようとするマインドがある。その分の時間は自分の仕事や余暇に充てることができるためである。

なお、管理会社が理事長に就任する場合については、次の問題があるとされている。

①管理会社が、自社に修繕工事を発注できてしまう。競争原理が働かないおそれがある。

②管理組合の通帳と印鑑を同時に保管できてしまう。管理会社による横領などのリスクが高まる。

これらの問題に対処するため、国がガイドラインを定めている。管理会社に依頼する場合は、ガイドラインを参考にするとよいだろう。

誰に依頼するにしても、肝心なのは、「元に戻すことができるようにしておく」ことだろう。

万が一、第三者として依頼した理事長の職務に不正があるとか、依頼していた専門家が理事長をやめたいとかいうときに、解約されたら元に戻せない、というのでは困ってしまう。元に戻せる体制を整えた上で、第三者にやってもらうのも理事のなり手不足の解決策のひとつである。

※第三者管理者方式の場合は理事長ではなく管理者と呼ぶが、ここでは理事長とした。

オートロックは万全のセキュリティシステムだと思う人

ゴミ置場にゴミを運ぼうと玄関を出た。先週、ゴミを出し忘れたことがあり、今日はやたらとゴミの量が多かった。両手がふさがっているため、鍵をかけるにはいったんゴミを廊下に置かなければならない。ちょっと面倒だ。ほんのちょっとの時間だから大丈夫、そう思って鍵をかけずにゴミ置き場に向かう。

それでも、なんだかちょっと気になる。

エントランスはオートロックだから、誰も入ってこれないはずだ。防犯カメラが付いているから、きっと管理人さんが管理事務室で不審者の出入りを見ていてくれるに違いない。こんなにたくさんある扉の中から、ウチの扉の鍵が開いているなんて分からないはずだ。

ゴミを捨てて家に戻る。開けたまま出かけたはずの玄関ドアに鍵がかかっている。

「あれ？　誰か部屋にいるのか？」

マンションで発生する空き巣被害は、このゴミ出しのちょっとしたスキが狙われている。侵入者はあなたが鍵をかけないで出かける様子を見ているのである。

マンションにはさまざまな防犯設備がある。しかし、どれも万全ではない。

オートロックは誰かが扉を開けたと同時に、一緒に入ってしまえばマンション内に入ることができる。通常の防犯カメラは遠隔で誰かが監視していたりはしない。ただ録画しているだけだ。部屋に窓センサーなどを取り付け、警備員が駆け付けるセキュリティサービスも、警備会社が20分以内の場所に待機しているというだけで、すぐに駆け付けてくれるわけではない。しかも、月々の利用料がかかる。

外部からの侵入を完全に防ごうとしたら、周囲を塀で囲った要塞のようなマンションになってしまう。

マンションで発生する犯罪を抑止するには、居住者同士の挨拶が有効だと言われている。侵入者は「こんにちは」と挨拶されると、顔を覚えられたのではないかと不安になり侵入をやめるそうだ。挨拶はお金がかからない。こんな素晴らしい防犯設備はない。

中古マンションとしていくらで売れるか興味のない人

郵便受けに「総会のお知らせ」という書類が投函されていた。来月の日曜日に総会があるらしい。興味はないがパラパラとめくってみる。「資産価値向上のために○○を導入します」などやたらと「資産価値」の漢字が目に付く。

そういえば、今の理事長はマンションを売りに出しているとの噂を聞いたことがある。郵便受けに2000万円で売りに出ているチラシがあったのを思い出す。

自分がマンションを少しでも高く売りたいから、みんなの積立金を使っていろいろやろうとしているに違いない。私は、このマンションを売るつもりはないから、資産価値なんて関係ない。いくらで売れるかなんてどうでもいい。全部反対しなくっちゃ。

確かに、今住んでいるマンションで一生を過ごそうと思っている人は、中古マンションとしていくらで売れるのかは気にならないのかもしれない。価格が上がったとしても実際に売らなければお金は手元に入らない。

しかし、どのくらいの価格なのかは、実はマンションを維持していく上でも大切な指標のひとつなのである。

価格は、市場からの評価と言ってもよい。見るからにボロボロのマンションは評価が低い、つまり価格も低くなる。築年数が浅いマンションほど価格が高い傾向があるが、何も築浅のマンションと比較する必要はない。できるだけ近くにある同じ築年数のマンションと比較してみよう。例えば3年前に同じような価格であったのに、現在はウチのマンションの方が高いとか、低いとか、差が出ているはずである。この差が市場の評価だ。評価の差は何が原因なのか。美観の問題か、コミュニティの問題か。売買価格はマンションの管理や修繕をどうしていくかを考えるきっかけになる。

ベンチマークとなる近所のマンションを決めておくとよいだろう。相手のマンションを意識して、上がった下がったと一喜一憂するのも決して悪いことではない。

残念な人というのは、何もマンションに限った話ではなく、社会生活を営んでいれば、そこかしこで出会う。他の人から見れば、私が残念な人かもしれない。

残念な人に共通しているのは、自分自身が進化することや、変化に対応することを諦めた人である。

今置かれている現状より、もう少し未来に目を向けてみよう。例えば、宅配便はドローンが配達してくれるようになるかもしれない、そうすれば、宅配ボックスはなくなるだろう。テレビ会議システムはさらに進化し、リビングのテレビのチャンネルを合わせるだけになるかもしれない、そうすれば、スマホもパソコンも必要なくなるだろう。理事会で話し合う議題の半分は、ＡＩが過去のデータを分析して適切な提案をしてくれるかもしれない、そうすれば、理事の労力も半分になるだろう。

今、この瞬間はそうした時代への転換期にすぎないのだ。ほんのちょっと頑張れば、次の未来が見えてくる。

第10章 マンション管理会社の裏事情

管理会社の仕事はあまり知られていない。私の娘が幼少の頃「お母さんの仕事は何？」と聞かれた。マンションの管理は、学校の先生、看護師さん、警察官など子供が分かりやすい職種ではない。しばらく考えて「管理人さん」と答えた。彼女はすぐに納得してくれた。管理会社の従業員で最も知られているのは、管理員なのであろう。

しかし、管理会社の仕事はそれだけではない。例えば次のような業務である。

①管理費等の出納

毎月の管理費等を所有者から管理組合等の口座に収納し、当月分の経費を各指定先に支払う。大手管理会社ともなれば、金融機関並みの取扱高がある。出納業務には、やはり金融機関並みの信用力が要求される。出納業務で不適切な処理がされると、国から行政処分を受けることになる。

②理事会や総会の支援

理事会や総会を運営するには、法律の知識、建築の知識、社会情勢への知見、そしてファシリテーション能力が要求される。しかし、担当者がこうした能力のすべてを持ち合わせているわけではない。むしろそんな人間はいないだろう。担当者は所属する会社の専門部署の支援を受けて、管理組合の支援を行うようにしている。

③管理員の派遣

管理員を採用して現地に派遣する。ただし、採用してもすぐに管理員としての勤務ができるわけではない。採用後には、管理会社により、教育、研修が行われ、さらに一定の期間ごとに再研修なども実施されている。

④清掃、設備点検

管理会社の従業員が自ら清掃や点検を行うのではなく、それぞれの点検会社に発注する形式であることが多い。つまり、建設業におけるゼネコン的な位置付けである。なお、点検会社は作業後に管理会社に報告書を提出し、管理会社がその報告書を確認した上で、必要があれば管理組合に修理等の提案を行う。

管理会社のキモとなる業務は②と③である。この業務の評価が管理会社の評価であると言ってもいい。

マンション内で現金は利用できません

マンションの資金を少しでも増やそうと、ある理事長は駐車場の空き区画を来客用駐車場にしようと考えた。1時間駐車するごとに100円程度であれば、近くのコインパーキングより安いから利用者もあるだろう。これはいいアイデアだ。駐車したい車があれば、利用者が管理員に声をかけて、管理員が100円受け取って、マンションの口座に振り込んでくれればいい。

早速、管理会社に連絡してみる。そうしたところ、次のような回答が返ってきた。

「現金取扱いの事故防止のため、当社では管理員に現金の取扱いをさせておりません」

「なぜだ、けしからん。居住者のためにサービスの向上を図るのが管理会社の役割ではないのか。100円を集金するくらい、そんなにたいした業務じゃないだろう!」

管理会社には、マンションの財産をきちんと管理するために守らなくてはならない法律がある。これに違反すると行政処分の対象となる。管理会社の社員や管理員による横領や着服は最も重い行政処分が課される。営業停止処分や、最悪の場合はマンション管理業としての登録が取り消され、営業できなくなる。

マンションの管理員は、その多くがひとりで勤務している。この「ひとり」という点がコンビニや小売店などで働く人と大きく異なる特徴である。

「魔が差す」という言葉がある。どんな人でも、誰も見ていないときに、現金が近くに置いてあって、ちょうど手元に現金がないとき、「ちょっと借りてすぐ返そう」という気持ちが起きないと言い切れるだろうか。隣で誰かが見ていれば、そんなことは思い付きもしないかもしれない。しかし、たったひとりで勤務するという状況では、魔が差すこともあり得る。

実は、管理会社の不祥事には、この「魔が差した管理員」による着服がある。国土交通省のホームページに過去5年間に行政処分を受けた会社が掲載されているが、管理員の着服も少なからず含まれている。

こうしたことから、管理会社は、管理員が現金を取り扱わないような方針としているところが多い。電子マネーを導入するなどの対応に必死に取り組んでいる。エピソードをひとつ紹介しよう。

ある管理会社が、マンションに「現金の取扱いを廃止したい」と申し出た。居住者からは高齢者も多く、電子マネーは使いにくいのではないか、サービスの低下だ、などの意見が相次いだ。結局、現金の取扱いをしてくれないなら、いっそのこと、管理会社を変更してしまおうという話になった。

そこで、管理会社数社から見積書を取得した。すると、すべての管理会社の見積条件書に、「現金の取扱いはいたしません」と記載があったそうだ。

いずれ、マンションの運営から現金は消えるだろう。キャッシュレスの流れは止まらない。管理組合もマンションを取り巻く状況に合わせて考え方を変えていく必要がある。

管理員のなり手がいない

あるマンションの担当者は、管理員の採用担当者からのメールを見てため息をついた。また今月も管理員の応募者はゼロ人だったらしい。担当のマンションの管理員が定年退職してからというもの、そのマンションの管理員がなかなか採用できない。

定年退職と言っても、75歳での退職だ。一般的な企業の定年より長い。それ以上はいくら元気でも、清掃や廊下の電球交換などで脚立に上がる管理員の仕事を考えると勤務は難しい。今のところ、代行の管理員でつないで勤務してもらっている。

しかし、居住者からは「新しい管理員を早く採用してほしい」と催促されている。

新聞広告も出した、地域の折り込み広告も出した、前の管理員の知り合いにも当たってもらった、それでも応募者はいない。

次回の理事会でも「管理員が採用できないのはなぜか、早くしてほしい」と言われ続けるのだろうな、そう思うと憂鬱になる。


管理員のなり手不足が深刻である。日本の企業の多くが60歳を定年としていた頃、定年退職後の職業としてマンションの管理員は希望者が多かった。採用倍率が60倍あったという時代もある。しかし、企業の定年が65歳、70歳と延長されるにつれ、労働市場から60歳代の人が姿を消した。管理員のなり手不足は深刻だ。今となっては、どんなに募集しても長期間採用できないというマンションもある。

管理員が採用できないと、居住者のいら立ちが募る。居住者からのメールを紹介しよう。

「マンションの管理人の件でメールしました。前の方が辞められて2か月くらい経ちますが、まだ新しい管理人さんが決まらないのはなぜですか？」
「臨時の方が来られてますが、臨時なので分からないと言われたり、お願いしても、対応してくれなかったりします。いつまでも、こんなんでは困りますし、迷惑です。早急に決めてください」

管理会社としても、いつまでも人手不足を嘆いているわけにもいかない。すでに別の方法の検討を始めている。

人手がなくなるとまず検討されるのがロボット化と外国人の雇用という2つの選択肢である。

外国人の雇用については「総論賛成、各論反対」の声が根強い。これからの日本の社会は外国人の受け入れが必要だ、という総論には賛成するが、いざ、自分のマンションの管理員になるということになれば、反対となる。言葉には出さない偏見や、言葉の壁から来る不安がそうさせているのだと思う。外国人の起用は今のところ、決定的な人手不足の解決策にはなり得ていない。

人手が不足しているなら、マンションの居住者でやってしまおうという管理組合もある。それでも、今まで管理会社や清掃会社に委託していた時間のすべてを居住者で賄うことは難しい。ゴミを道路に出すだけ、午後に廊下だけ、など限定的な作業を請け負う清掃会社もあるが、ごく一部の会社の例である。

次に、ロボット化を紹介しよう。ここにも「管理員のひとり勤務」の壁がある。

例えば、ファミリーレストランなどで活躍する配膳ロボットは、何人かの配膳スタッフが行う一部の作業をロボット化するものだ。5人必要だったところを4人や3人にすることはできる。しかし、管理員は多くのマンションで、もともとひとりしかいない。すべての業務をロボットにするほどの技術力はまだない。

そこで、管理員の機能を分割して、一部を人に、一部をロボットにさせようという発想で開発がされている。管理員の仕事は大きく、受付、巡回、清掃に分けられる。それぞれの機能ごとにロボット化が進んでいる。

受付ロボットを紹介しよう。エントランスに受付機を置き、居住者や来訪者が話しかけるとAIが答えるものと、遠隔にいる人間が答えるものがある。AIが話をする場合は完全無人となるが、遠隔で話をする場合はひとりが複数のマンションを担当することにより受付にかかる人手を削減することができる。受付ロボットのあるマンションでは、管理員は清掃と巡回をすませて退勤することができる。場合によっては管理員1名で複数のマンションを担当することも可能になる。

ただし、すべてを機械化してしまうと、人によるホスピタリティの提供は失われてしまう。どこかの機能は人に残す方が、人が暮らす場であるマンションらしいようにも思う。

お前はどっちの味方だ!? アフターサービスと管理会社

あるマンションの総会の日。担当者は所有者からの批判にさらされていた。このマンションは外壁のタイルに浮きがあるが、それが経年劣化によるものなのか、建築当時の施工に問題があるのか分からない。管理組合は分譲会社の責任を追及すると言い、分譲会社からは経年劣化の範囲内だという回答書が届いている。

総会の場は、徐々に白熱していった。

「管理会社は、分譲会社の子会社だから、親会社に頭が上がらない。だから管理組合ではなく、分譲会社の味方をしているのではないか」

「管理組合の立場に立つはずの管理会社が機能していないのではないか」

「そんなことだから、管理組合の要求がうまく分譲会社に伝わらない」

「それどころか、こちらの話し合いの事項が、分譲会社につつ抜けなのに違いない」

「きっとそうだ、管理会社は信用ならない、この場から出ていけ！」

担当者はひとことも発言の機会がないまま、総会の会場からの退場を命じられた。


管理会社は大きく2つに区分されている。

ひとつが「ディベロッパー系」と呼ばれる管理会社で、マンションを分譲する不動産会社などの子会社や系列会社である。なお、不動産会社ばかりでなく、鉄道会社やメーカーなどの子会社であることもある。親会社の分譲したマンションは、子会社の管理会社がその後の管理を行うことがほとんどである。グループ会社としてブランディング活動を行い、その企業グループの持つイメージを大切にしている。

もう一方が「独立系」と呼ばれる管理会社である。マンションの分譲会社を親会社に持たない、文字通り独立した会社である。新築マンションから管理を行う場合もあるが、管理会社に不満を持つ管理組合が別の管理会社への変更を検討する際に、独立系もその候補として検討することが多い。一般的に価格競争力があると言われている。

ディベロッパー系の管理会社が持つ悩みのひとつが、アフターサービスに関する立ち位置だ。アフターサービスとは、分譲会社がマンションを分譲するときに、もし販売後に何か不具合があれば、一定の期間であれば、無償で修理するという、いわゆる保証期間のことである。アフターサービスの対象になるのか、ならないのか、それを巡って分譲会社と管理組合が対立することもある。

ただし、管理会社は分譲会社のグループ会社といえども、管理会社が顧客である管理組合の不利になる情報を漏らすようなことはない。そんなことをしたら、グループ会社全体の信用問題につながりかねない。しかし、それはなかなか伝わらない。管理組合と分譲会社の関係がこじれると、管理会社を変更しようという動きにつながる。

さらに、分譲会社も「売りっぱなし、後は管理会社任せだ」という非難を浴びることがある。こうしたことから、アフターサービスの受付窓口を管理会社でなく、分譲会社側に設け、日常管理とは切り離している会社もある。

しかし、マンションに発生する不具合は、発生した当初はアフターサービスに該当するのか、そうでないのか分からない場合が多い。例えば、部屋内で結露が発生したとしよう。居住者の生活習慣に起因する場合はアフターサービスの対象外だが、断熱性に問題があり、それが原因で結露しているなら、一定の期間内であればアフターサービスの対象になる。原因が特定されるまでの間は、たいていの場合、日常管理の問題として管理会社が対応している。最初からきれいに切り分けることは難しい。

ディベロッパー系管理会社にとって、アフターサービス問題の立ち位置をどのように取るのかは長年の課題となっている。どちらの味方とか敵とかいうのではなく、中立の立場だということを理解してもらうのはどうしたらよいのか。

ひとたび、管理組合と分譲会社と管理会社の三者のバランスが壊れてしまうとなかなか修復できない。その段階に至る前に、三者がお互いを信頼して話し合いをするしか解決の方法はない。

管理会社はかわいそうな仕事？

ある大雨の日に、管理員からマンション担当者に電話があった。「泥がつまって排水溝があふれた、誰か応援に来てほしい」という。協力会社を手配するよりも自分で行った方が早い。雨具を着て、長靴をはき、スコップを持ち、いざ出動。現地ではグレーチングを持ち上げ、たまった泥を掻き出した。

終わった頃には泥だらけになっていた。着替えることもできずに、そのままバスに乗って会社に戻る。

会社が入居するビルの入口で、他の会社の社員がそっとささやく声が聞こえる。

「管理会社ってドブさらいもやらされるんだ、かわいそうに」

「え、私のこと？　排水溝の清掃って、かわいそうな仕事なの？」

なんだか悲しい気持ちになる。

またある日のこと、不動産会社から、建築予定の新築マンションの管理の仕事が来た。どんなマンションなのか、図面を確認すると、管理事務室も管理員用トイレもまた非常に狭い。管理員もここで働くのはつらいだろう。そこで「管理事務室の設計を変更していただけませんか」と申し出た。

すると、次のような回答があった。

「管理事務室を広げる？　トイレもあるんだし、必要な面積は十分にあるじゃないか。そんな余裕があるのなら、居住者の部屋を広げたいよ。管理員がここに住むわけではないし、これで十分だろう」

管理会社の位置付けはそんなに低いのか。すっかり悲しい気持ちになる。

この話は私の若い頃の回想録である。マンション管理業は長きにわたり、クレーム産業と言われてきた。マンションに住んでいる人が、管理会社に用事があるのは、何か不都合が生じたときである。快適な生活をしているときに「私は今、快適な暮らしをしています。ありがとうございます」などと連絡してくる人はいない。管理会社にかかってくる電話は、そのほとんどが不満や怒りを抱えている。当初、口調は穏やかであっても、豹変することもある。よく「何もないのがよい管理」などとも揶揄されるが、モチベーションが上がりにくい職業であるのも確かである。

さらに、マンション関連業界は分譲会社であるディベロッパーを頂点として不動産仲介業、マンション管理業などの業界に細分化されている。マンション管理業は川に例えると、マンション関連業界の最も川下に位置している。ディベロッパーが芸能人を起用して華やかなCMを流す一方で、地味なマンション管理業界に就職しようという新卒社員は少ない。

今、マンションでは「ふたつの老い」の問題が生じている。「ふたつ」とは、マンションにおける建物の老朽化と居住者の高齢化を指す。建物の老朽化では、適切な修繕がされないことによる漏水の発生、外壁の落下などの問題が生じている。居住者の高齢化では、理事のなり手不足、認知症高齢者の増加などによりマンション運営に支障が生じている。

しかし、マンションはその多くがオートロック扉に閉ざされ、容易に外部の方は出入りできない。外部から見るとまるで城壁のようでもある。さらに、マンション内であっても居住者同士の関係は希薄である。「同じマンションの中に知っている人は誰もいない」という居住者がいても決して珍しいことではない。こうした「閉ざされた世界」が「ふたつの老い」の課題の解決をさらに困難にしている。

こうしたマンションの老いの問題が社会課題として取り上げられるようになった今、マンション管理に関心が向けられてきている。管理会社も社会課題を解決していくステークホルダーとして注目されるようになってきた。決して華やかな業界ではないが、人の役に立ちたい、これからの日本をなんとかしたいという問題意識のある人がこの業界を志望してくれるようになってきた。しかし、ふたつの老いの問題はマンション管理業界だけで解決できるような課題では決してない。マンションを取り巻くすべての方の参加が不可欠である。

おわりに

本書は、もともと明海大学不動産学部の教材として作成しようとしたものである。同大学は日本で唯一の不動産学部がある。約2年前、小杉学准教授（当時、現教授）、藤木亮介准教授から、大学の授業で、マンション管理を取り扱いたいので協力してほしいとの打診があった。

さて、大学生にマンション管理を理解してもらうにはどうしたらよいか。社内には管理規約、竣工図や長期修繕計画などの資料は山のようにある。単に資料を分析したり、読んだりするだけではつまらないし、伝わらないことが多い。私が大学生のときも、ひたすら聞くだけの講義はひたすら寝ていただけだったことが思い出される。

実務に携わっているからには、私にしか伝えられないことを伝えるべきだろう。私が彼らに伝えたいのは、マンションは人間が住むところであり、そこには人々の人間ドラマがあるということだ。マンションは人間ドラマそのものである。それを分かりやすく伝えてみよう。

そんなことを考えて「ショートストーリー」を書いてみた。

すると、小杉准教授から「これ、面白いですね！　本になりますよ！」とのお褒めの言葉をいただいた。授業用に書いたショートストーリーをさらに膨らませて、詳しい解説を加えたのが本書だ。私にとって日常的に巻き起こっている当たり前の出来事を見つめ直し、世の中に伝えるきっかけを作っていただいたお二人の先生方には改めてお礼を申し上げたい。

実際に教材としてショートストーリーのいくつかを読んだ大学生が、この架空のマンションに高齢者が何人住んでいるかなどをカウントしたり、どのように共用部分を改修したら、コミュニケーションの取りやすいマンションになるかを考えたり、私には想像もしなかった方法でマンションの抱える課題の解決に向けて発想を広げてくれている。未来ある大学生がマンション管理に興味を持ってくれるのはとてもうれしい。

一方、マンション管理は高齢化と老朽化が進み「お先真っ暗」「将来がない」と思っている方もいるのではないだろうか。管理会社に就職した新入社員からも「先のない業界に入ってしまったのかもしれない。間違えたかもしれない」と相談を受けたこともある。

ここで発想の転換をしてみよう。

私の友人にこんな人がいる。

「マンション管理は、日本の将来に発生するであろうあらゆる課題を早くから突き付けられている。いずれ、どのような業界でも、顧客の高齢化、インフラの老朽化、従業員の高齢化など、今のマンション管理が抱える問題が顕在化してくる。そうしたときに、早くからその課題の解決に着手しているマンション管理の業界は多くの業界の先例になると思っている。

自分は、この業界で日本の将来を早く体験したい。そして誰もやっていない課題の解決方法を自分の力で考えてみたい。今、最もチャレンジャブルな業界だと思っている。その後、どんな業界に行ったとしても、この経験は役に立つ」

こんな考え方もあるのだ。

チャレンジャー求む!

〈著者紹介〉

久保依子（くぼ よりこ）

不動産会社に入社後、管理会社に転籍。新築マンション販売、不動産仲介、賃貸管理、分譲管理とマンションに関わるすべての領域を経験している。現マンションみらい価値研究所所長、一般社団法人マンション管理業協会業務法制委員会委員。国土交通省の主催するマンション標準管理規約の改正に関わる検討会等にも専門委員として参加。同研究所のHP上でレポートや論文を公表し、マンション管理に関わる最新の情報を発信している。

マンションの未来《みらい》は住《す》む人《ひと》で決《き》まる

2024年7月19日　第1刷発行

著　者　　久保依子
発行人　　久保田貴幸

発行元　　株式会社 幻冬舎メディアコンサルティング
〒151-0051　東京都渋谷区千駄ヶ谷4-9-7
電話　03-5411-6440（編集）

発売元　　株式会社 幻冬舎
〒151-0051　東京都渋谷区千駄ヶ谷4-9-7
電話　03-5411-6222（営業）

印刷・製本　中央精版印刷株式会社
装　丁　　野口萌

検印廃止

Printed in Japan
ISBN 978-4-344-69089-9 C0095
幻冬舎メディアコンサルティングＨＰ
https://www.gentosha-mc.com/